投資“科”
レジデントマニュアル

医師・歯科医師が、
後悔のない人生を送るために、
時間とお金の自由を同時に手に入れる方法

犬飼 遼 著

セルバ出版

はじめに

現在、私は38歳、元開業医です。

以前は放射線診断専門医として勤務医をしている時代もありました。

そしていま、あなたの専門領域は何ですか、と問われれば「投資〝科〟専門医です」と回答しています。

さて、皆さんにとって、この肩書はかなり違和感があることでしょう。

そうなんです。ご想像のとおり、私は非常にぶっ飛んだ医者なのです。

どれだけぶっ飛んだ医者人生を送ってきたか、年表にしてみます。

２００３年　偏差値40程度の私立高校を卒業。
２００５年　２浪の末、自治医科大学に入学。
２０１１年　自治医科大学卒業後、名古屋にて初期研修開始。
２０１３年　研修医終了と同時に自治医大のへき地義務を放棄。
違約金＋奨学金の合計約３８００万円を支払うため、借金まみれになった状態で名古屋市立大学の放射線科に入局。

２０１４年　借金返済のため肉体労働で月収２００万円を稼ぎながら、個人事業主として遠隔読影の副業を開始。

２０１５年　肉体労働での借金返済に限界を感じ、節税にて手残りを増やそうと画策。結果、勤務医および個人事業主の節税について非常に詳しくなる。

２０１７年　個人での節税に限界を感じ、個人事業を法人化し、法人での節税を追求。

２０１８年　法人での節税にも限界を感じ、利益を出すことを決意して事業拡大を図る。

２０１９年　法人運営がうまくいっていることに気をよくし、クリニック事業にも着手。同時に投資家としての勉強を本格的に開始。

２０２１年　経営する法人を３億円で売却し、クリニックも閉院。得た資金を元手に投資で収入を着実に増やす。

２０２２年　投資収入のみで生活できるようになったため海外へ移住し、悠々自適な生活を送る。

時間とお金の自由を手に入れ、行きたい場所へ行き、会いたい人に会い、やりたいことをやれる。これがいまの私です。

ここまで来るには紆余曲折がありました。そして、いま強く思うのは「医師・歯科医師こそ、趣味・生き甲斐として仕事をしてほしい」ということです。

なぜなら、それが自分を含めて関わるすべての人を幸せにできるからです。時間とお金に縛られず、趣味・生き甲斐で医者をやっている人がいたとしたら、本人はもちろん幸せでしょう。患者さんの視点に立っても幸せでしょう。診療が好きで好きでたまらないという医師と、作業として診療している医師。どちらに身をまかせたいかは、火を見るよりも明らかです。

医学の発展という観点からは、どうでしょうか。趣味・生き甲斐として医学と向き合っている人は知的好奇心も強いため、新しい発見も多くなりますし、その発見を研究として世間に発表しようという気にもなります。一方、そうでない医師であれば日常に忙殺され、研究しよう、論文を書こう、学会発表しよう、後輩教育に時間を使おうとは思わないでしょう。

配偶者やお子さんにとっては、どうでしょうか。毎日楽しそうに職場に向かい、清々しい顔で家に帰ってきて、家で仕事のことを楽しそうに話す。それを見ている配偶者や子どもたちは、お父さん（お母さん）すごく楽しそうだな、いい人生送っているなと心が温まることでしょう。

一方、朝から疲れた顔で家を出ていき、ヘトヘトで帰宅。心に余裕がないために些細なことで配偶者や子どもたちとギクシャクしてしまう。そんなお父さん（お母さん）は配偶者や子どもたちの目に、どう映るでしょうか。

ここで一度、皆さんに考えていただきたいのですが、あなたは時間やお金に縛られず、医業を趣味・生き甲斐として追究できていますか？

もし追究できているという方は、本書は不要です。すぐに本を閉じて、引き続き幸せな人生を歩んでください。

もし胸を張って追究できているとは言えない、という方は本書がきっと助けになるでしょう。

正直、追究できているのか自分でもよくわからないという方もいるでしょう。そういう方には、次の質問が役立ちます。

「明日、余命3か月を言い渡されたとしたら、やり残したことがあるからまだ死ねないと思いますか？　無念ではあるが人生やりきったから死を受け入れようと思いますか？」

まだ死ねないと思う方は、あなたにとっての「後悔のない人生」を歩み切れていないと言えます。そういう方にも、本書がきっと役に立つでしょう。

人間は必ず死にます。そして自分がいつ・どうやって死ぬのかは誰にもわかりません。

明日死ぬかもしれませんし、1年後かもしれませんし、10年後かもしれません。もちろん50年後という方もいるでしょう。

クモ膜下出血や心筋梗塞あるいは不慮の事故で突然死するかもしれませんし、がんや慢性疾患で徐々に死が近づいてくるかもしれません。もしかしたら超高齢まで元気でいて最後は老衰で亡くなるかもしれません。

これは当たり前の事実ですが、自分の死を意識できていない医師・歯科医師は非常に多いのです。いつ・どんな形で死を迎えるにせよ、死ぬ直前に自分の人生を思い返して後悔の念を抱きながら死にたくはありませんよね。先の質問でまだ死ねないと答えた方は、本書をきっかけにして自分にとっての後悔のない人生とは何か、を探求していっていただきたいです。

私は、すべての医師・歯科医師に仕事＝趣味・生き甲斐と胸を張って言ってもらえるように本書を執筆しました。その状態が後悔のない人生の一部を担うと信じているからです。

そして、仕事＝趣味・生き甲斐にするための第一歩として、あなたが時間とお金に縛られずに医学を追究できる状態を目指します。

犬飼　遼

２０２３年４月

投資〝科〟レジデントマニュアル―医師・歯科医師が、後悔のない人生を送るために、時間とお金の自由を同時に手に入れる方法　目次

第2章　お金持ちになるための絶対公式

第3章　バランスシートがあなたをお金持ちに導く

第4章 世の中には「情報ピラミッド」が存在する

第5章　投資に回すお金を調達する方法

第6章　それでも「借金は恐い」という人へ

第7章　医師・歯科医師には後悔のない人生を送ってほしい

第8章　時間とお金の自由を手に入れた先にあるもの

プロローグ　こうして私はぶっ飛んだ医者になりました

1　2浪して自治医科大学に合格

私のこれまでの経歴を、もう少し紹介させていただきます。

愛知県名古屋市の生まれで、家族は両親と私と妹の4人。家は市営住宅、低収入世帯のみが住める〝団地〟でした。自分の部屋もなくプライバシーは皆無。自分の部屋がある同級生をすごく羨ましく思っていました。

小学校・中学校は公立です。勉強は好きではないけれど仕方なくやるという感じで、成績はひどいものでした。

高校は私立に行きたいと思いました。理由は、まず家から一番近かったこと。そして、その高校はもともと女子高で、私の代から共学になることが決まりました。つまり、男の先輩はいません。通っていた中学はかなり荒れていました。ヤンキーたちが暴れて警察沙汰になることもしばしばです。ヤンキーたちは虫の居所が悪いと因縁をつけてくるので、目を合わせないようにしていました。

私の中学だけでなく近くの中学も同じように荒れていたので、恐いやつのいない安全な高校に行きたいという気持ちから、共学になったばかりの高校を選んだのです。偏差値40程度（当時）の高校です。

つまり中学卒業までの私は、低収入世帯の長男で、勉強もまったくできず、ヤンキーにおびえる毎日を過ごしながら、近くて安全という理由で高校を選んだ根暗だったわけです。

高校2年生になると、大学に進むか進まないかを決めることになりました。私の高校は大学へ進学しない生徒も相当数いたため、私も大学に行かずに就職するか、何か目的を持って大学に行くかを真剣に考えました。

当時、生物の授業が大好きだったことと小学生のときから医療系のドラマが好きだったという理由から、医者になりたいという気持ちが芽生えました。

進路指導の先生に「医学部に行きたい」と言ったところ、在学生がこれまで1人も医学部に進学したことがない高校だったので先生は驚き呆れ、「無理だ」と取り合ってもらえませんでした。

それからは自分なりに勉強したつもりですが、現役では当然不合格。浪人を決意して予備校に通いました。1年間の浪人生活で学力はアップしましたが、医学部には受からず、2浪になりました。

市営住宅に住んでいるくらいなので、わが家にはお金がありません。15歳の頃から父親に「20歳になったら、もう経済的な援助はしない。自立しなさい」と言われていました。2浪すると20歳、もう後がないという状態で医学部受験に挑みました。

ところが、背水の陣で挑んだセンター試験（現、共通テスト）で大失敗して国公立大学は絶望的になりました。貧乏だったため、私立大学の選択肢は元からありませんでした。諦めかけていたとき、奇跡的に自治医科大学（自治医大）に合格できたのです。これには自分自身が一番驚きました。

読者には歯科医師の方もいらっしゃるでしょうから、ここで自治医大について少し説明させてください。

自治医大は特殊な大学で、各都道府県で毎年2人か3人しか合格者が出ないように調整されています。その年、愛知県の受験者は80人ぐらいだったのですが、なんとか合格することができました。念願の医学部に入ることができ、6年間、楽しく勉強に励んで26歳で大学を卒業。卒業後は2年間、出身県で研修医をすることが決められているので、名古屋市にある赤十字関係の病院に入りました。

自治医大の目的は、へき地の医師不足の解消にあります。「あなたたちは都会のお医者さんが行かないような田舎に行って、医療活動をしてください。その代わり授業料を税金でまかないます」という大学です。私にとって学費が免除されるのはとてもありがたいことでした。

卒業後はへき地で医者をするという約束があります。それを遂行するために2年間、研修医としてへき地で医者をするために必要な基礎学力をつけていくのです。

自治医大を卒業してへき地医療に従事する期間は、大学の在学年数の1・5倍と決められています。6年間で卒業すると9年。留年すると、そのぶん長くなります。私は26歳で大学を卒業し、国家試験に合格して医者になったので、35歳までの人事権は自治医大にあります。

2　へき地医療義務を放棄するため約３８００万円の借金を背負う

研修医1年目に自治医大の指示で赤十字関係の病院に赴任しました。研修医というのは1つの科を約1か月～2か月間学び、2年間で15ぐらいの科をまわることになります。

放射線科で学んでいるとき､とても魅力的な2歳上の先輩ドクター（不破先生）と出会いました。私は「この人みたいになりたい。この人のそばで勉強したい」と憧れたのです。

放射線科は特殊な科で、都会にいないと能力を発揮できません。田舎では無力です。つまり、自治医大の卒業生が放射線科を専門として選ぶことは基本的には許されません。しかし、日本には職業選択の自由があります。選べないとはいえ、制度的には選ぶことも可能です。

そこで、自治医大に「自分は放射線科の医師になりたいと思います。ただし、そうなるとへき地に行くことはできません」と話したところ、激怒されて告げられました。

「医者になったらへき地に行くという入学時の契約で授業料を税金でまかなってきた。へき地に行かないのであれば、違約金を含めて授業料を全額、一括ですぐに払いなさい」

奨学金も借りていたので、それが約７００万円。授業料が約２５００万円に違約金がプラスされて約3100万円。合わせて約3800万円を、すぐ払えば許してもらえます。

もちろん、わが家にそんなお金はありません。そこで、銀行にお金を貸してほしいとお願いしました。いくつか門前払いされましたが、ある銀行が話を聞いてくれました。実家を担保に入れるなどの条件をつけられ、金利もかなり高くなりましたが、3800万円を借りることができたのです。

こうして借金まみれになりましたが、自治医大のへき地医療のしばりを抜け、2年間の研修医期間が終わったタイミングで、名古屋市立大学の放射線科に入局しました。

憧れの不破先生が放射線科だったので、私も同じ科に行ったのです。不破先生がほかの科であれば、その科に行ったでしょう。この人についていきたいという一心でした。

彼の一番の魅力は、分け隔てなく後輩の面倒をみてくれたことです。自治医大は特殊な大学のため、ほかの研修医とは異なる待遇を受けます。なぜなら、人事権が自治医大にあるからです。

ほかの研修医はどの科に進むのか、自分の意思で決めることができます。しかし、自治医大の場合は自分の意思だけでなく自治医大の意向に添う必要があり、「君は自治医大だから」という感じで区別されて居心地が悪い部分もあるのです。

しかし、彼はすべてをわかったうえで平等に接してくれました。それがとてもうれしく感じられ、人間性に強く惹かれました。3800万円はとんでもない金額ですが、そんな大金を払ってでも、この人のそばにいたいと思ったのです。

不破先生にも「自治医大をやめたい」と相談しました。もちろん、止められました。「そこまでして俺のところに来てもらっても、俺はお前の人生に責任を取ることはできない。３８００万円は大金だ。よく考えろ」と言われました。

それを聞いて、私のことをちゃんと考えてくれているという思いを強くし、私の人生にしっかり向き合ってくれていると感じました。なので、「自分の決断です。晴れてやめることができたら末永くよろしくお願いします」と言いました。

3　月収２００万円から法人の設立と3億円での売却

私は28歳で、３８００万円の借金を背負いました。銀行へは毎月約40万円を返済する約束です。当時の給料は、医局が斡旋してくれるアルバイト代を含めて毎月の額面が80万円くらい。約20万円が税金や社会保険料で引かれて手取りが60万円。そこから40万円を返済にまわすので、毎月の生活費は20万円です。

さすがに「これでは生活できない」と思いました。そこで医局の許可を得て、多くのアルバイトをやりました。月に15回当直をしたこともあります。当然、ほとんど家に帰ることはできません。その結果、額面で毎月２００万円くらいまで稼げるようにはなりました。

1年ぐらいはそんな生活で頑張ったのですが、今度は「このままでは死ぬ」と思いました。夜はまともに寝られないし、疲労からくる動悸も頻回に起こりました。

しかし、借金の返済もあるし、自分の生活費も必要です。病院で習っている放射線科の医学自体は楽しいので、やめたくはありません。「なんとかしなければいけない。でも、肉体労働だけでは死にそうだ。肉体労働以外でお金を合理的に残せる方法はないのか」という思いから、本気でお金の勉強を始めたのです。

まずは節税です。勤務医として可能な節税方法を本やセミナーで勉強し、さらに税理士に教えてもらいながら実践しました。

当時、月収200万円を得るため、放射線科の強みを活かして遠隔読影の仕事を受けていました。遠隔読影とは自宅で行う画像診断です。健康診断の胸部レントゲン写真や頭部MRIなどをネット上で転送してもらって正常・異常の判定を行います。つまり、患者さんを診るのではなく、病院から画像診断の業務委託を受けるわけです。

業務委託だと経費が認められるので、給料でもらうより手元に残るお金が多くなります。そこで節税のため、当直などの肉体労働ではなく遠隔読影をメインでやるようにしました。

ただ、これだけではまだ十分なお金を生むことはできず、節税を極めるには法人をつくったほうがいいことがわかりました。

そこで少し先の話ですが、32歳、医局に入って4年経った頃に法人をつくって節税を始めました。法人のほうが使える経費の額が増えるからです。ゼロから新しい会社を立ち上げたのではなく、個人事業主でやっていた仕事の延長で法人成りして節税の範囲を広げたのです。

ただ、法人による節税を始めて2年ぐらい経つと、これ以上は節税できないというところまできました。そこで会社を節税目的に使うのではなく、事業を拡大させて売上を伸ばすことを目指し、そちらへフルパワーで舵取りしました。

具体的には、遠隔読影の事業拡大です。遠隔読影の取引先は全国どこでもいいので、病院をまわる営業職を雇い、取引先を日本全国に広げました。バックオフィスで働いてくれる経理などのスタッフも増やしました。

大量の画像診断を短時間で行うには、複数の医師を雇う必要もありました。そこで、憧れだった不破先生にも手伝ってもらいました。さらに、自分の同僚や後輩に声をかけてアルバイトの医師を少しずつ増やしていきました。

事業が拡大すれば売上は増えるし、私の収入も増えます。しかし、私は社長としてフルパワーで動いています。

ひたすら働くことの対価として、肉体労働よりも効率的にお金が増えていくという状態に、それなりに満足していましたが、自分の時間はどんどん失われていきます。悠々自適で、ボーッとしていたらお金が残るということはありません。結局、「これを続けてお金は手に入っても、それを使う時間がないな」と思い、2021年に3億円でその会社を売却することにしました。

お金を合理的に手元に残すという点に関して、法人運営を続けていけばある程度のお金は長期的に得られたでしょうが、朝から晩まで仕事をしなければいけません。仕事はおもしろいけれど、「そんな人生でいいのかな」という葛藤があったのです。

一方で、事業を拡大した頃からお金を手元に残す方法として株やFXなど、投資の勉強も始めました。投資入門者がやるような投資は一通りやりました。不動産も買いました。

うまくいかなかったり、だまされたりしました。それでも本やネットで勉強したところ、時間とお金の自由を手に入れるには、どうやら投資しかなさそうだということに気づきました。

そして、投資の本質を必死に突き詰めていったところ、結果として、いまでは時間とお金の自由を手にすることができています（時間とお金の自由を手に入れる方法は、このあとの本文で詳しく紹介します）。

4　私はずっと自己肯定感が低かった……

これが現在にいたる私の経歴ですが、私は基本的にお金に縛られた人生を送ってきました。幼い頃から貧乏で、高校は私立に行かせてもらいましたが、大学は親のすねをかじることはできませんでした。自治医大に受かることで授業料が免除されて、医者になることができました。

大学時代の生活費はアルバイトと奨学金で補いました。大学時代に親からの仕送りは一切ありませんでした。

そして、研修医を終えるタイミングで3800万円という借金を背負うことになり、さらにお金に縛られていきました。

その結果、いかに合理的にお金を手元に残すかということに徹底的にフォーカスして、かなり長い間生きてきました。

私はなぜ、ここまでお金に執着してきたのか。いま振り返ると、おそらく小学生の頃からわが家が貧乏だという自覚があり、お金を持っている人たちに対する過度の憧れがあったのでしょう。

例えば、私はゲームソフトを買ってもらえないけれど友だちは持っています。ゲームをやるため、その友だちの家に遊びに行きました。うちは狭い団地に4人住まいでしたが、一軒家の友だちもいます。その家に遊びに行くと自分の部屋があって、うらやましく思いました。

そうしたことから、なんとなく「お金を持っている人は素晴らしいけれど、お金を持っていない自分は人間的に劣っている」と感じ、ありのままの自分を認めることができませんでした。つまり、自己肯定感が低かったわけです。

高校生のとき、医者になりたいと思ったのも「医者になったら人から尊敬される」「医者になったら同世代よりも収入が高い」など、人よりも優れた存在になりたいという考えがあったのでしょう。

自分の生き方の根底には、そうしたものがずっと生き続けていました。医者になって月に200万円稼いだ時期もありますが、本当は200万円も稼ぐ必要はなかったのです。毎月40万円の返済ができて、普通の生活ができればいいわけです。

それを大幅に超える金額を稼いだのは、借金返済という理由だけでなく、「同世代よりも稼いでいるおれは、ほかの医者よりも優秀だろう。日常の医療行為でも十分なパフォーマンスを出すことができて、お金も同世代の誰よりも稼いでいる」と思いたかったのです。結局、自己肯定感が低いこと、他人からの承認欲求が強いことが、私の人生の根幹を占めていたのです。

会社をつくったのも同じです。節税という表向きの目的もありましたが、「医者で社長ってカッコいいじゃん。まわりから尊敬されるじゃん」、という思いが私の根底にあり、それはつい最近まで続いていたのです。

最近になって、私はやっとそうしたお金に縛られた世界から抜け出すことができました。

いまは、時間とお金の自由を手にした上で、人生という限られた時間をどうやって後悔なく生きていこうか、という考え方になっています。

コラム1　設立4年の会社を3億円で売却した話

私は放射線科を専攻していました。医局に入った直後から遠隔読影のバイトを開始しました。

幸運なことに遠隔読影の仕事は、個人事業主として開業が認められていたので節税しながら収入を増やせる最高の働き方でした。そして開業から3年が経過した頃、仕事が多すぎてさばき切れない状況になっていました。仕事を断るのも勿体ない気がして、不破先生と相談し会社をつくることにしました。

会社をつくってからは、アルバイトの医師を沢山雇って、どんどん仕事の依頼を受けました。専属の営業マンや事務員も雇い入れ、ガンガン事業拡大していきました。気がつけば会社をつくってから3年が経過しており、バイト医は50名以上、取引先も北は青森、南は沖縄という規模になっていました。

年商も1億円を達成する企業となっており、利益率も満足のいくレベルでした。当然、私の役員報酬も徐々に上がっていき、最終的には勤務医の年収以上の報酬を受け取っていました。

これとは別に読影医としての仕事もしていたため、そちらの収入も勤務医以上の報酬となっており、大学病院の教授と同じくらい稼いでいました。経営も読影も面白いし、収入も満足いくものだったので、この状態がずっと続いてくれればいいなと考えていました。そんな折、コロナが発生しました。

コロナは遠隔読影会社にとって大打撃となりました。というのは患者さんの病院控えが発生し、CTやMRIの撮像件数がガクッと減りました。さらに健康診断の受診控えが顕著となり、検診センターからの依頼が激減しました。

今まで順調に売上・利益を伸ばしてきたので初めて肝を冷やすという経験をしました。

倒産させるわけにはいかないと思い、決算書を持って銀行を回り、およそ1億円を借金することができました。

借金のお陰で急場を凌ぐことができましたが、人生には山もあれば谷もあると強く実感した出来事でした。

盤石だと思っていた遠隔読影事業も環境が変われぱこんなに脆いのかと実感し、真剣に企業の出口を考え始めました。知り合いにM&Aを扱っている友人がいたので、うちの会社は一体いくらの価格が付くのだろうと興味本位で査定をお願いしました。その結果、3億円であれば売却可能と返事がありました。スタッフは喜びましたが、私は正直不満でした。今の規模を維持できれば3億円くらいなら数年間で稼ぐことができるから、売らないほうがいいなと思ったのです。

しかし、コロナのような環境要因で売上が大きく変化すること、少し読影に飽きてきて新しいことに挑戦してみたい欲があったこと、「会社をM&Aしたことがある医者」という肩書きが欲しかったことなどが相まって売却することに決めました。

第1章

「時間とお金の自由を同時に手に入れる」ための基礎知識

1　人生には迷っている時間なんてない！

「仕事はつらいものだ」と諦めていませんか？

私から見ると、世の中のお医者さん・歯医者さんは、勤務医や開業医に関係なく、多くの先生が日々の時間を浪費しています。

ところが、そうした先生に「あなたは時間を浪費していませんか」と尋ねると、「そんなことはありません。毎日仕事にしっかり向き合っています」など、カッコいい答えが返ってきます。

ただし実際には、毎日ワクワクしながら仕事に行っている、あるいはワクワクしながら毎日を過ごしている先生は、ほとんどいません。義務的に仕事をしている先生が多いのです。

そして、「休日こそが本当の自分を解放できる日だ」「仕事が終わって飲みに出ているときの自分が一番輝いている。仕事のときは感情を殺している」などと言ったりするのです。つまり、「つらいけど仕事とはそういうものだ」と半ば諦めている先生が多くいます。

私は、そうした先生たちに「あなたの人生は、そんな人生で本当にいいのですか？」と問いかけたいのです。

日本人の平均寿命がどれぐらいか、皆さんはおそらくご存知でしょう。２０２１年の発表では、男性が81・４７歳、女性が87・５７歳となっています。

ただしこれは、健康でピンピンしていて、その年齢でコロッと死んでいるわけではありません。ずっと寝たきりだった人や若い頃から病気がちだった人など、すべてを含めての平均寿命です。

あなたの人生に残された時間を知る

仮に、頭がしっかりしていて体も元気に動くのを80歳までとしましょう。そこから先は、生きてはいるけれど身体的機能は低下し始めているので、人生のおまけと考えることにします。

元気で生きていられるのが80年間とすると、１年は３６５日なので、あなたの一生は２万９２００日しかないのです。わかりやすいように３万日とします。

人が生まれてから80歳まで健康で生きられるのは３万日。ただし、24時間のうち寝ている時間があります。人によっては5、6時間ぐらいの人もいますが、平均の睡眠時間を1日8時間とします。すると、ここで3分の1の時間が睡眠時間で消えていきます。つまり、３万日のうち1万日は寝ているわけです。

残りの目が開いている時間は2万日しかありません。

次に、この2万日のうち仕事している時間は、１日のうちどれぐらいあるでしょうか。いわゆる9時～5時で働いていると8時間になります。

お医者さん・歯医者さんは、もっと長い時間働いています。9時に来て5時に帰れるような人はほとんどいないでしょうが、仮に働く時間を8時間としておきます。

先に述べたように嫌々働いていたり、お金のために我慢して働いているお医者さん・歯医者さんが多くいます。仕事を趣味・生き甲斐と感じていない先生たちは、働く8時間を浪費していると考えると、ここでまた3分の1がなくなっていきます。

結果、残るのは1万日です。

残った1万日は、自分のためだけに使える時間なのかというと、そんなことはありません。人間は生命維持活動や体力回復の時間を必要とするからです。

例えば、ご飯を食べる時間やお風呂でリラックスする時間、あるいはテレビやYouTubeを見たりして、ボーッとする息抜きの時間が必要です。

そうした時間が1日に合計すると4時間ぐらいはあるでしょう。1回の食事が30分から45分で、3食たべるとそれなりの時間がかかります。お風呂も15分というわけにはいきません。仕事が終わった後のちょっとした息抜きの時間などを合わせると、仮に4時間とします。

結局、自分自身と向き合える時間は1日に4時間しかないのです。人生が80年間と考えると、わずか5000日しかありません。たったの5000日です。

私はもうすぐ40歳なので、80歳で健康寿命が尽きると考えると、すでに半分が失われています。

つまり、５０００日の半分の２５００日です。

２５００日を３６５で割ると7年弱になってしまいます。もし私が仕事をしている8時間を「苦痛な時間だ」と捉えている場合、今後、自分のためだけに使える時間は、もはや7年しか残されていないのです。

20歳の人でさえ、なんと10年強しか残されていません。60歳であれば、残りは3年半です。あなたの人生には、これだけしか残された時間はないのです。背筋がゾッとしませんか？

寿命を3倍に伸ばす方法がある

あっという間に寿命はなくなってしまいます。時間は万人に共通です。お医者さん・歯医者さんだから１２０歳まで健康で生きられるということはありません。

のらりくらりと生きている時間なんてありません。「いまは仕事が忙しいので、やりたいことは老後にやればいいや」とか、「本当はこれをやりたいけれど、仕事をやらなければいけない。40代で働き盛りだから、今は仕事と向き合おう」などと言っていると、時間はどんどんすり減っていきます。

しかも、80歳まで健康でいられるという保証はありません。皆さんも80歳を前にして体調を崩したり、がんになったり、交通事故で亡くなった患者さんをたくさん見てきましたよね。

40歳近い私が80歳まで元気でいたとしても、すでに7年しか自分のためだけに使える時間は残されていないのです。しかも、もっと短い可能性もあります。ゆったりと構えている時間などありません。

仕事が苦痛であるなら、1日で8時間を消費しています。仕事の時間を趣味・生き甲斐だと思って費やすことができると、1日の活動時間が4時間から12時間に増えて3倍になるのです。つまり、寿命が3倍に伸びたのと同じことを意味します。

これはとても素晴らしいことだと思いませんか？

後悔のない人生とは

本書では、まず「時間とお金の自由を手に入れましょう」を前面に押し出していますが、その背景には「後悔のない人生を歩みましょう」という本質があります。

それでは、後悔のない人生とはどういう人生でしょうか。ぜひ皆さんなりの回答を一度考えてみてください。

私にとっての後悔のない人生とは、大好きな仲間たちと、お金のことは気にせず、時間を忘れて、自分が挑戦してみたい医療に没頭できる人生を指します。つまり、仕事＝趣味・生き甲斐と胸を張って言える人生ですね。

また、たびたび登場する不破先生の後悔のない人生とは、自分が大切に思っている人たちと、何にも縛られることなく、楽しい時間を共有できる人生だそうです。

また別の医師は、好きなときに、好きな人たちと、好きな場所へ行き、おいしいものを食べ、素晴らしい景色を眺め、一生の思い出になるような楽しい経験を共有できる人生を後悔のない人生と考えています。

正解はありません。自分なりの後悔のない人生を見出して、それを実現するために時間を使っていくのがいいでしょう。

しかし、後悔のない人生の定義が人それぞれであっても、まず時間とお金の自由が必要なのは変わりないと、私は思っています。

時間とお金の自由がないとやりたくない業務もやめられないし、趣味・生き甲斐に没頭することもできません。自分の大切な人のために時間を使うこともできません。

だからこそ、時間とお金の自由を手に入れることを、まず追求するのです。

まずは、あなたが思っているほど人は長く生きられないこと、仕事＝苦痛である人は自分がやりたいことに費やせる時間は１日にわずか４時間しかないことを改めてお伝えします。時間は有限だという認識を持ってください。

もう一度言います。本書を読んでいただく目的は、自分の人生を後悔なく生きるためです。「自分にとっての後悔のない人生ってなんだろう。まぁ、いつか真剣に考えればいいや。などとのんびり構えている時間はない」ということを忘れないでください。

特にお医者さんは多くの死と向き合っているにも関わらず、自分自身が死ぬということを本気で捉えていない人が多くいます。自分は医者だから健康意識が高いと言いながら、実は世間一般の人よりも死に対する意識が低いのです。

あなたが思っているよりも死ぬまでの時間は超絶に短いのです。このことが認識できれば、明日から1日も無駄にはできないという気になるのではないでしょうか。

2 後悔のない人生を歩むために必要な3つのファクター

自分と自分の大切な人たちのために使える時間を最大化していく

人の寿命は、あなたが考えているよりもとても短く、自分のために使える時間が短いことは納得していただけましたか。

自分のためだけに使える時間が1日に4時間しかないのであれば、なんとか増やしていく必要があります。

方法はいろいろあります。ご飯を早く食べる、お風呂をシャワーで済ます……そうしたことによって4時間を5時間に増やすことは可能です。

あるいは、「人が8時間寝ているのだったら、私は5時間しか寝ない」という人もいるかもしれません。これで3時間を確保することができます。実際、「成功したいのだったら睡眠時間を短くしなさい」と言われたことが皆さんもあるでしょう。

確かに、こうした方法も一理あるとは思います。ただし、どこに一番時間を取られているのかというと、働いている8時間なのです。

この8時間を、趣味・生き甲斐と言えるレベルで働くことができたら、自分のために使っている時間と捉えることができます。

すでに仕事＝趣味・生き甲斐、つまり「医業が趣味」を実現できている人は、この12時間（仕事8時間＋自由な4時間）をいかに充実させるかを考えていきましょう。

仕事が趣味・生き甲斐ではない、仕事が苦痛で仕方がないということであれば、この8時間を充実させることが必須となります。

例えば、やり甲斐を感じられる仕事のみを行い、残りの時間は絵を描くのが好きだから絵を描く、音楽を聴くのが好きだから音楽を聴く、旅行が好きだから旅行に行くなど、自分の趣味や好きなことに費やすことができれば、自分のためだけに使える時間は増えていきます。

あるいは思い切って仕事をやめて、趣味・生き甲斐に8時間を使うという選択も考えられます。

こうして自分のために使える時間が増えれば増えるほど、後悔のない人生を歩みやすくなると、私は考えています。

嫌々やっている仕事の8時間をなるべく自分の時間にする、睡眠時間を削れるのであれば少し削る、湯船に入らなくてもいいのならシャワーですませればいいわけです。切り詰めて切り詰めて、自分のためだけに使える時間を最大化していってください。

3点セットがそろうと後悔のない人生が実現可能になる

後悔のない人生を歩むためには、少なくとも次の3つのファクターが必要だと私は考えています。

①人生を長く楽しめる健康な身体と精神を維持すること
②人生を豊かにしてくれる仲間をみつけること
③時間とお金の自由を同時に手に入れること

「人生を長く楽しめる健康な身体と精神を維持すること」は、頭がしっかりしていて、体がシャキシャキ動き、精神的にも健やかである状態を長く維持するということです。

後悔のない人生にはこれが必要です。素晴らしい仲間に囲まれ、時間もお金も存分にあるが病院のベッドで寝たきりという状態を想像してみると、健康がいかに大事かイメージが湧くと思います。

「人生を豊かにしてくれる仲間をみつけること」も非常に重要です。人はひとりで生きているわけではありません。多くの人と関わりながら生きていくことにより喜びを感じます。健康で、時間とお金の自由があったとしても孤独であれば、それは不幸なのではないでしょうか。

「時間とお金の自由を同時に手に入れること」は、「同時に」というのがキーワードです。時間だけあっても、お金だけあっても幸せは感じにくいのです。

この3点セットがそろうと、自分の時間に集中できるようになり、後悔のない人生を歩めるようになります。

３つのファクターはすべて重要ですが、①の健康に関してはお医者さん・歯医者さんに改めて説くような話ではないので、今回は割愛させていただきます。

②の自分の仲間を集めたり、居心地のいい人間関係をつくるのは、時間をかけてゆっくり構築していくしかありません。半年や1年で、すごく素敵な仲間が何十人も集まるということはないでしょう。私の経験からもそれは言えます。私の場合は10年に１人か２人くらいの頻度で素敵な仲間が増えていっています。

長い時間をかけてゆっくり信頼関係を築き、死ぬ間際になって「自分はこんな素晴らしい人たちに囲まれながら死んでいける。幸せだな」と思えればいいでしょう。ゆっくり取り組んでいってください。①も②も極めて重要ではありますが、一朝一夕に手に入るものではなく、コツコツ積み上げていくしかないのです。

自分の人生は自分の手で切り開く！

③の時間とお金の自由を同時に手に入れる。実は、これは簡単なのです。

「一番簡単な時間とお金の自由は、さっさと手に入れましょう」と、私は常々言っています。簡単に達成できるので、本書でも時間とお金の自由を手に入れる方法を具体的に紹介していきます。

私は、読者である皆さんが後悔のない人生を歩めるようサポートしたいのですが、勘違いしていただきたくないのは、後悔のない人生を手にするには皆さんが行動する必要があります。

本書は予備校のようなものです。本書を読んでいけば、エスカレーターに乗っているように自動的に時間とお金の自由が手に入ったり、後悔のない人生を歩めるようになるわけではありません。

自分なりに精一杯学び、実践する。そして、実践したことで見えてきた課題を乗り越えるためにまた学び、実践する。これを繰り返すことによって、自分の手で人生を切り開いていくのです。あくまでもあなたの主体性が大事になります。おんぶにだっこではダメ。主体的に学ぶことを忘れないでください。

これはちょうど医学部予備校とそっくりです。いくら予備校が勉強環境を整え、素晴らしい講師を雇っていても、生徒が全力で勉強しなければ到底医学部に合格することはできません。

逆にいえばよい環境で、よい先生のもと必死に努力することができれば、ほとんどの人が医学部に合格することができるでしょう。それと一緒なのです。

３　ロバート・キヨサキ氏の本から学ぶべきこと

ロバート・キヨサキ氏の『金持ち父さん貧乏父さん』

時間とお金の自由は簡単に手に入ると書きましたが、そんな訳ないという人もいるでしょう。しかし、健康を維持することやよい仲間たちに囲まれることと比べれば、実に容易いことです。ただ、皆さんはその方法を知らないだけなのです。

これから時間とお金の自由を同時に手に入れる方法を紹介していきますが、その内容を理解するには前提となる知識が必要です。

２０００年頃のベストセラーにロバート・キヨサキ氏が書いた『金持ち父さん貧乏父さん』という本があります。ここに書かれている「４クワドラント」という概念を知っているかどうかで、この先の理解度が変わってきます。そこで知らない人のために簡単に説明します。

４クワドラント――お金を受け取る４つの方法

４クワドラントとは何か。噛み砕いて言うと、人が誰かからお金を受け取る方法は４つの受け取り方に分類できるということです。これが４クワドラント、４つの区域・領域と言われています（図表１）。

あなたがお金を受け取るとき、どういう受け取り方がありますか？

勤務医や雇われ院長として働き、給料という形でお金を受け取る。これを4クワドラントでは「E」と表現します。「Employee（従業員）」の頭文字のEです。

次に、自営業として取引先から仕事を依頼され、お金を受け取るという方法もあります。これを「S」と表現します。「Self Employer」の頭文字です。この言葉は自営業者と訳されますが、労働経営者と言い換えることもできます。

自分が肉体労働をして、その対価としてお金を受け取ります。勤務医ではないけれども、肉体労働をしているという点では勤務医と同じです。

この自営業者、労働経営者はお医者さん・歯医者さんでいうと開業医に該当します。自分が現場に出て診療行為と経営を行っているという状態。これがSです。

次に、自分で会社をつくり、その会社が利益を出すことによって自分は現場で肉体労働をしているわけでもないし、経営しているわけではないけれども、そこから役員報酬、あるいは配当という形で毎月、定期的にお金が支払われる。こうしたお金の受け取り方もあります。

これは「B」と表現されます。「Business Owner（ビジネスオーナー）」の頭文字です。間違えてはいけないのは、ビジネスオーナーは社長という意味でありません。「ビジネスを所有している人」という意味です。Sと似たようなニュアンスを感じるかもしれませんが、まったくの別物

【図表1　4クワドラント】

E Employee（従業員） 勤務医 雇われ院長 フリーランス医	**B** Business Owner（ビジネスオーナー） 医療機関のオーナー 事業承継済みの引退したドクター 起業後にすべてを人に任せたドクター
S Self Employer（労働経営者） 開業医 自分で起業したドクター	**I** Investor（投資家） 他人のビジネスに出資しているドクター

です。

開業医の先生はSですが、ビジネスオーナーは医療機関の所有者であり、現場は人にまかせているという立場です。そのシステムをつくったことに対してお金をもらっている人、これがビジネスオーナーです。つまり、社長でも経営者でもありません。経営者はSです。Bは所有者です。

最後が、他人の会社に出資をして株を持っていて、その会社が儲かっているので株主として配当という形でお金をもらう。これは「Investor（投資家）」と呼ばれ、「I」と表現されます。お金を投げ入れておいたら、勝手にお金が増えて戻ってくる。これがIです。

「E（従業員）」「S（労働経営者）」「B（ビジネスオーナー）」「I（投資家）」、この4つのお金の受け取り方に分類できるとされています。

さて、この4つのお金の受け取り方はどのような特徴があるのでしょうか。次のページから見ていきましょう。

ビジネスオーナーとインベスターという2つの選択肢

４クワドラントを理解すると、何がわかるのか。

後者の２つ、ＢとＩこそが時間とお金の自由を同時に手に入れることができる収入なのです。一方、ＥやＳ、勤務医や開業医は自分の肉体労働がお金に換算されているわけです。

医者の中でも、勤務医と開業医はまったく異質の存在で、開業医が成功者で勤務医は不遇だと思っている人がいます。これは錯覚で、勘違いにすぎません。お金の受け取り方としては同じで、肉体労働であるということを決して忘れてはいけません。

確かに、勤務医は時間をかけた割に収入が少ないという観点で見れば、開業医のほうが収入が多いとは言えます。勤務医の先生であれば1年間フルパワーで働いても、年収はせいぜい額面で１５００万円から２５００万円でしょう。一方、開業医であれば、自分の収入が年間５０００万円から1億円という先生もいます。

金額だけを見ると、「全然違うじゃないですか、まさに天国と地獄」と思うかもしれません。しかし、やっていることの本質は同じなのです。自分の時間を提供して、その時間がお金に変わっている。その換金率がいいか悪いかだけの話です。本質に違いはありません。

この働き方では、どこまで追求しても時間とお金の自由を同時に手に入れることはできません。なぜなら、どちらかを取ると、もう一方を失うからです。

時間とお金の自由を同時に手に入れないと人生は豊かにならない、後悔のない人生は歩みにくいと書きました。本書は、この観点からビジネスオーナーやインベスターというお金の稼ぎ方、時間のつくり方をしていきましょうと説いていきます。

この考え方は、すでに２０００年頃にロバート・キヨサキ氏が提唱しています。あくまで私はここで、その考え方を紹介しているだけです。なので、「そんなことはもう知っている」という人もいるでしょう。

では、一歩踏み込んで私なりの考え方を説明していきます。

ビジネスオーナーとインベスター、２つの選択肢があります。選択肢が２つあるのなら両方をかじってみたほうがいいと思うかもしれません。しかし、本業としてＥやＳの働き方をしているお医者さん・歯医者さんが、本業を行いながらＢとＩの両方をうまくかじって、時間とお金の自由を手に入れることはかなり大変です。

「そんなに大変なら勤務医や開業医をやめてＢとＩにフルスイングします」と言って、ビジネスオーナーやインベスターの勉強をするというのなら話は別ですが、転科して改めて専門医を取り直すくらいの時間とエネルギーが必要です。つまり、投資〝科〟へ転科して専門医になるまで勉強してくださいということです。基本的にお医者さん・歯医者さんはそんなことをしないでしょうし、する必要もありません。

自分の本業を行いながら、片手間でビジネスオーナーやインベスターをやっていこうと思うのなら、BとI、どちらかを選んで、選んだほうに全力投球するのがいいです。

医師・歯科医師はインベスターを選んだほうがいい

それでは、お医者さん・歯医者さんはどちらをやるのがいいと思いますか。

ビジネスオーナーでフルスイングするか、インベスターでフルスイングするか。2つのうち、どちらかしか選べないとしたら、あなたはどうしますか？

ビジネスオーナーを選ぶ人が多いかもしれませんが、結論を言うと、お医者さん・歯医者さんが時間とお金の自由を同時に手に入れたいのであれば、インベスターを選んだほうが絶対にいいです。私はそう確信しています。

なぜ、ビジネスオーナーではダメなのか。理由はなんだと思いますか？　ぜひ一度考えてみてください。

答えは「ビジネスは再現性がきわめて低い」からです。再現性が低いというのは、運の要素が強いと言い換えられます。

１００人のお医者さん・歯医者さんがビジネスオーナーになると言って目指したとして、何人が本当に時間とお金の自由を手にできるレベルまでいけるかというと、ものすごく少ないのです。

ビジネスモデル、社会情勢、その人の気質、経済力や人脈など、さまざまな要素が絡み合います。そして、たまたま歯車がかみ合ったときにビジネスというのはバーンと跳ねて、最終的にそれを他人に任せることで定期的に不労所得（働かなくても得られる収入）が入ってくるシステムをつくり上げることができるのですが、現実にはお医者さん・歯医者さんがそれを実現することは難しいです。

そうは言っても、ビジネスオーナーを薦めるような風潮もあります。それはなぜか。ビジネスオーナーは楽しいからです。

ビジネスオーナーになるため、どんなビジネスを世に出していくか考え、実行していきます。その設計段階がロールプレイングゲームみたいで楽しいのです。

ロールプレイングゲームはやっている途中で仲間と出会えるようにつくられていますが、ビジネスをつくり込んでいくと、いままで出会えなかった人たちと出会えたりします。あるいは、いままでは表面的なつき合いをしていた人たちと家族みたいな関係性を持つことができ、かけがえのない仲間を手に入れられたりするのです。

また、社会的に認められているような気がしてカッコいい、詐欺にあう確率が少ない、事業が傾いても自分の努力で修正可能など、さまざまな魅力があります。こうした点から、ビジネスオーナーはいいよねと受け取られがちなのです。

優秀な人間にお金を預けたほうが勝つ確率は高い

本書の目的は、時間とお金の自由を同時に手に入れるために勤務医や開業医の先生たちが一番負担なくやれる方法をアドバイスすることです。しかも、やるからにはなるべく多くの人が達成できる方法を伝えないとウソになってしまいます。

１００人に１人しか成功しない方法を伝えてもウソになると私は思っています。99人が失敗するのでは話になりません。私は再現性にこだわっています。その結論が、ビジネスオーナーは再現性が低いということなのです。

「それなら投資家も同じじゃないですか」と言う人がいるかもしれません。

投資は再現性が低いと思っている人は、投資案件の本質を理解していないのでしょう。そうした人たちは「投資は難しい」とか「投資したって、どうせうまくいかない」「詐欺にあう」と思いがちなのです。

実は、投資案件も自分でつくるビジネスも根幹は同じです。ビジネスオーナーになることは、自分でビジネスの仕組みをつくって自動的にお金が入る仕組みをつくりましょうということです。自分のビジネスに対して時間とお金をフルパワーで投じるという行為が、ビジネスオーナーを育成する、ビジネスオーナーになるという行為です。

一方、他人のビジネスにお金を投資してあとは黙って見ているというのが投資家です。つまり、どちらもビジネスがベースにあることは同じで、それを自分がコントロールするか、他人にコントロールしてもらうかが、ビジネスオーナーとインベスターの違いです。この点が違うだけなのです。

あなたがビジネスオーナーになりますと言って、独立してビジネスを始めるとします。その場合の3年後、5年後の成功確率と、あなたが考えているビジネスモデルをその世界に詳しい人が行ったときの3年後、5年後の成功確率はどちらが高いと思いますか？

間違いなく後者でしょう。つまり、同じようにビジネスが根幹にあるとしたら、自分よりも優秀な人間にお金を預けたほうが勝てる確率は高くなるはずです。しかも、自分の時間を使う必要がありません。

ビジネスオーナーも最終的には自分の時間を使わなくてよくなりますが、ビジネスの立ち上げの時期は労働経営者と同じように、自分がいろいろ開拓しなければいけないのでエネルギーと時間をかなり使います。

一方、他人のビジネスに乗っかるという形であれば、その人が自分より優秀だという確信を持つことができれば、その人にお金を預ければおしまいです。

したがって、投資したほうが成功確率は高くなるはず。つまり、再現性が高いということ。これが基本となる考え方です。

これは当たり前のことですが、心の底から理解できている人は非常に少ないのが現実です。

私は、株やＦＸのデイトレードを投資とは呼びません

前述の説明を読んで、「なんとなくわかるけど、投資とはそういうものではないのでは」と感じた人もいるかもしれません。

それはなぜか。私が使っている投資という言葉と一般的な投資という言葉に乖離があるからです。

世間一般で投資というと、株やＦＸ、投資信託、不動産、生命保険、外貨預金、地金などにお金を入れることをさしています。一般的にはそれで正しいのですが、いまここで私が説明しているのは、時間とお金の自由を同時に手に入れるためにはインベスターにならなければいけない、インベスターのほうがビジネスオーナーよりも再現性が高いという話です。

この観点からいうと、世間一般の人が投資家と考える株やＦＸのデイトレーダーは、実はそもそもインベスターではないのです。彼らはロバート・キヨサキ氏の４クワドラントの「Ｉ」ではなく「Ｓ」なのです。

なぜなら、株やＦＸのデイトレードをしている人は、トレードをするために1日1時間なり2時間なりを画面に張りついて、いろいろな情報をチェックし、テクニカルな数字を見て「いまは買いだ。売りだ」という判断を行っているからです。

人によっては毎日やる人もいれば、2、3日に一度という人もいるかもしれませんが、自分の時間を使ってトレードをしていることに違いはありません。

この方法で、時間とお金の自由を同時に手に入れられるでしょうか。手に入れられるパターンの投資方法もあれば、手に入れられない投資方法もあるのです。

例えば、ＦＸでバーンとドルを買ったら、２か月、３か月は放っておく。これなら時間とお金の自由を手に入れられます。もちろん、ちゃんとリターンがあればですが。

あるいは、株を買いました。１年、２年持ってます。配当金や株主優待によって利益が出ています。確かに、これは時間とお金の自由を手に入れています。

しかし、毎日トレードをしている状態では、時間とお金の自由を同時に手に入れているとは言えません。結局は自分の時間を使ってお金を手に入れているだけだからです。そうなると開業医とやっていることは同じです。

したがって、私は株やＦＸのデイトレードを投資とは呼びません。同様の理由で、不動産投資の中でも自分がやれることはすべて自分でやるタイプの投資を、私は投資と呼びません。

投資とは、人のビジネスに乗っかるということ

勘違いしてほしくないのは、ＦＸは投資ではないという議論をしているのではありません。ＦＸの方法として、長時間放っておくだけでお金が増えるならば投資と呼べますが、自分の時間を消費しているのであれば、それはインベスターではなくてセルフエンプロイヤーであると本書では定義

している、ということです。

「不動産で勝つ」などの本を読んでみると、物件の目利きから自分で行い、客付け、お金の回収、修繕、売却、ここまで全部を自分でやると一番利益率が高いし、騙される心配がありません、安全ですよと書いてあったりします。

なかには更地から見つけてきて、自分で建築業者を探してきて上物を建てる。これが一番利回りがいいですよと書いてあります。

確かに、仰る通りです。ただし、これはセルフエンプロイヤーです。お金を入れて放っておくという行為ではありません。何度も繰り返しますが、時間とお金の自由を同時に手に入れる方法ではないのです。

一方、5億円で不動産を買いました。あとは外注費用でなんとかやっといてください。この場合、例えば家賃で1年に5000万円が入るかもしれませんが、そのうち70%は外注費に消え、残り30%が自分のところに残る。つまり、寝てても無条件に毎年1500万円が入ってくる。これが本書で定義する投資です。

これを前提とすると、投資というのは人のビジネス案件、それが不動産でも何でもいいのですが、人のビジネスに乗っかるという話にすぎないのです。

人のビジネスに乗っかるのであれば、何百人もビジネスをやっている人が世の中にいるわけですから、その中から自分より優秀な人を見つけてお金を託す。一方は、自分のビジネスという自分しか頼れないものにお金を投入する。

どちらが再現性が高いかと問われれば、答えはインベスターになるはずです。

したがって、本書では他人のビジネスに乗っかるタイプの投資を推奨しています。

ロバート・キヨサキ氏が投資への入り口を開いてくれた

私がロバート・キヨサキ氏の本を読んだのは30歳くらいの頃、３８００万円の借金を懸命に返しているときです。

最初の頃は肉体労働で十分返せると思っていました。しかし、1年後には肉体労働だけでは命の危機を感じたので、次のステップとして節税をやってみました。そして、節税を追求している最中に、肉体労働をしながらビジネスオーナーの勉強も始めたのです。さらに、本などで投資の勉強もするようになりました。同時進行的に、そうしたことを進めていったのです。

毎週1冊ぐらいのペースでビジネス書や自己啓発系の本、投資関係の本などを読んでいました。その中にロバート・キヨサキ氏の『金持ち父さん貧乏父さん』もありました。

読んで、なるほどと思いました。節税だけでなく、ビジネスオーナーの方向性で事業を伸ばしていくのもありかもしれない。その一方で、投資家の勉強をするのもいいかもしれないと思いました。

私の人生に大きな影響を与えたのは、お金の稼ぎ方には4種類しかないと教えてくれたことです。医者でいうと、雇われドクターとして働く方法、開業医として自分がフルパワーで働いてお金を得る方法、ビジネスオーナーとなって権利収入で生活する方法、他人の投資案件にお金を入れることによって配当を得る方法。

この4つの働き方があり、時間とお金の自由を同時に手に入れるには、自分のビジネスか他人のビジネスに投資する以外にはあり得ない。それ以外では絶対無理だと教えてくれました。

それまでの私の生き方は、ビジネスであれ、肉体労働であれ、常に時間を切り売りしていました。普通に働けば時給5000円が、合理的に働けば1万円、1万5000円になるけれど、自分の時間を使わないかぎりお金を得られない。それが当たり前だった世界から、そうでない世界があることを見せてくれました。

「あなたの方向性は間違っています。こういう方向性で行かないとダメですよ」と気づかせてくれたのです。

以前、友人から次のように言われてハッとしたことがありました。

「医者であるあなたが全力で努力した上で達成できていない状態があるならば、それは努力が足りないのではなく、努力する方向性が間違っているのですよ」

自分の理想を達成するためにどういう方向性で努力すべきか、これが極めて重要なのです。

第2章　お金持ちになるための絶対公式

1　お金持ち・資産・リスク……言葉の定義が最重要

前提条件が違うと話がかみ合わない

第1章では、皆さんが使っている投資という言葉と、本書が定義する投資という言葉では乖離があるという説明をしました。

投資というと、ほとんどの人は株やＦＸ、投資信託、不動産投資などをイメージして、こうした商品名をずらりと並べます。言うなれば、投資家＝金融商材に触れている人と捉えています。

しかし、私が投資家と表現したときは、時間とお金の自由を〝同時〟に手に入れられる金融商材に触れている人。これが私のいう投資家です。このように言葉の定義が違っているため、同じ投資家という単語を使って話をしていても話が食い違ってしまうのです。

これは、どの世界にもあることです。

例えば医学界では、昔はがんの告知を本人にしませんでした。なぜなら、がんとは助けられない病気、死ぬ病気だと思われていたからです。実際、当時の医療ではそれが現実でした。

がんになったらおしまいだと、みんな思っていました。そのため、がんとは手の施しようがない状態、すなわち死と受け止められました。なので、本人には告知しなかったのです。しかし、いまのがんは治る可能性が高くなっています。

「あなたはがんです」と医者が患者に宣告したとき、昔の知識しか持っていない高齢者は「えっ、がんなんですか。もう私は死ぬんですか」と大きなショックを受けます。

そして医師が「いえ、そんなことはありません。このように治療をすれば、がんも十分に治る可能性がありますよ。これは決して気休めではありません」と患者に説明します。しかし、患者は医師の言葉を信じず「嘘をつかずに余命を教えてください」と詰め寄られる、ということが起こるわけです。

この場合、患者と医師ではがんという言葉の定義が異なっているために話がかみ合わないのです。このように言葉の定義が異なってしまうと話が進んでいかないことになります。そこで本書では、「この言葉をこのように定義します」ということをはっきりさせておきます。

お金持ち＝働かなくても日常生活が送れる状態

まず、一番重要なのが「お金持ち」という言葉です。お金持ちにはいろいろなイメージがあって、人によって違います。

１億円の預金がある人をお金持ちと考えている人もいれば、年収1億円の人をお金持ちとする人もいるでしょう。あるいは、不労所得で毎月１００万円が自動的に入ってくる人をお金持ちと定義している人もいるかもしれません。

このようにいろいろな定義があって、何が正解で何が不正解ということではありません。どれもお金持ちとしては正しいのですが、私が本書で「お金持ち」という言葉を使う場合は、次のように定義していることを覚えてください。

「働かなくても、いまと同じ生活を送れるような状態になっている人」

本書でお金持ちという単語を使うときは、これをお金持ちと定義します。

言い換えると、「毎月の不労所得が毎月の支出額を上回っている人」をお金持ちと定義できます。

つまり、普段使っているお金以上の金額が何もしなくても入ってくるということです。

次に覚えてほしいのが「資産」という言葉です。

この資産も、皆さんがよく混乱して使っています。ちょっと難しくなるかもしれませんが、本書で資産という言葉を使うときは、次の章で説明する「バランスシート（貸借対照表）に列挙できるもの」を資産と定義しています。

具体的には現金、株、債券、不動産、車、高級時計などになります。皆さんがイメージしている資産に割と近いかもしれませんが、「資産とはなんですか」と聞かれたら「バランスシートに列挙できるもの」、これを資産と表現することを押さえておいてください。これ以外は資産とは表現しません。

さらに、資産の中には「よい資産」と「悪い資産」という2つの概念があります。

よい資産とは、そのもの自体が「新たなお金を生み出してくれるもの」。悪い資産とは、そのものを持っていることによって「お金が出て行ってしまう、もしくは入ってくることもなく出て行くこともないゼロだ」というもの。このように定義します。

つまり、プラスで入ってくるものだけがよい資産です。この点がよい資産の定義として重要なので、覚えておいてください。

リスクとは、危険性ではなく不確実性を意味する

もう1つ、「リスク」という言葉もとても重要です。これは本書での定義ではなく、一般的な定義のまま使っているのですが、それでも勘違いしている人が多くいます。なので、正しいリスクの定義を説明しておきます。

リスクとは、不確実性のことです。

多くの人がリスクと言われると、危険性をイメージします。

例えば、2階から転落してしまったAさん、4階から転落してしまったBさん、10階から転落してしまったCさん。「この3人の中で誰が一番リスクが高いですか？」と問われると、多くの人がCさんと回答するでしょう。

Cさんを選ぶ理由は、危険性をリスクだと思っているからです。しかし、リスクは不確実性という意味です。

10階から転落すれば、100パーセント死にます。つまり、不確実性はゼロ。リスクはゼロなのです。

2階から転落すれば、だいたい同じ程度のケガに収束するでしょう。つまり、これもリスクは小さいです。

4階の場合は、どうでしょうか。軽いケガですむ人もいれば、大きなケガをする人もいれば、死ぬ人もいるでしょう。そうなると、Bさんは一番不確実性が高くなります。つまり、Bさんがもっともリスクが高いのです。

いいですか、リスク＝不確実性です。つまり、結果のバラツキが大きいことをリスクが高いと表現します。このことをしっかり認識しておいてください。

ビジネスオーナーよりインベスターのほうが再現性が高いと前述しましたが、不確実性と再現性には同じような意味合いがあり、次のような表現になります。

リスクが高い＝不確実性が高い＝再現性が低い＝結果のバラツキが大きい

リスクが低い＝不確実性が低い＝再現性が高い＝結果のバラツキが小さい

２　お金持ちになるための行動指針、絶対公式がある

お金持ちになるためには、何をしなければいけないのか

私の定義では、「時間とお金を同時に手に入れるためになんらかの金融商材にお金を入れている人」が投資家です。皆さんにも、この定義に沿った投資家になっていただく必要があります。

そして、投資家として目指すのは、他人のビジネス案件にお金を出資してお金が返ってくるという状態です。その金額が自分の日常生活の支出を上回る状態をつくらなければいけません。

「投資家になりました。他人のビジネス案件にお金を入れました。私はもう投資家です」

これでＯＫではありません。投資家であることは、あくまでも時間とお金の自由を手に入れるという目標を達成するための手段にすぎません。

投資を通じてお金持ちになると、自分の時間を最大限自分や大切な人のために使えるようになり、後悔のない人生を送ることができるのです。

それでは、お金持ちになるためには何をしなければいけないのか。答えはいたって簡単です。不労所得を積み上げていけばいいのです。

どこまで積み上げていくのかは、人によってまちまちです。例えば毎月の生活費が30万円の人で

あれば、不労所得が30万円を超えたら、その人はもうお金持ちです。

「毎月30万円の不労所得なんて全然大したことない」と言う人がいるかもしれませんが、そんな声は関係ありません。なぜなら、その人は働かなくてもいまの生活を維持できるのですから。

このように、まず、いくらの不労所得があれば自分はお金持ちなのかを計算する必要があります。これがはっきりしないと、積み上げるべき金額がわからないからです。

ある人は月に150万円使っています。毎月150万円使っている人と毎月30万円しか使わない人が、同じ投資商材を扱わなければいけないのですかと問われれば、そんなことはありません。

どんな投資商材を選定するか、に大きく影響を与えるため最初に行うべきは、自分は月にいくらの不労所得を得られればお金持ちになれるのかを確認することです。

運用利回り－調達コスト＝不労所得

毎月100万円の不労所得があればお金持ちになれる人がいるとすれば、その100万円の不労所得を得るためには、どのように考えて行動しなければいけないのか。

そのための行動指針となるのは、たった1つの公式です。

これは私が絶対公式と呼んでいるもので、揺るぎない普遍的な公式です。これが不労所得を生んでいく源泉の公式となります。

「運用利回り―調達コスト＝不労所得」

いたってシンプルな公式ですが、この絶対公式を覚えて実践するだけでよいのです。ここから出てくる不労所得がトータルで１００万円を超えれば、その人はお金持ちです。

もう少し詳しく考えてみましょう。イメージしやすいのは、借金をして不動産を買うケースだと思います。あくまでイメージしやすいように説明しているため数字は適当です。ご了承ください。

１０００万円の不動産物件があり、この物件は年間に20万円の利益を生み出すとします。つまり、2パーセントの運用利回りです。この2パーセントは借金の金利を除いた利回りで、金利以外のすべての費用を引いて最後に20万円残ると考えてください。

一方、この人は１０００万円を持っていないため、銀行にお願いして１０００万円借りてくるとします。銀行から年1パーセントの利子、年間10万円払ってくださいと言われているとしましょう。このケースでは、借金の金利を除く運用利回りは2パーセント、調達コストの金利は1パーセントになります。つまり、１０００万円のものが2パーセントの利回りを生み出してくれて合計20万円となり、１０００万円借りているので金利で10万円が出ていきます。

20万円―10万円＝10万円。10万円が、この人にとっての年間の不労所得です。

もし購入した不動産物件が1億円だったとしたら、不労所得は１００万円になります。10億円だったら、不労所得は１０００万円になります。

毎月10万円が目標の人であれば、年間120万円を超えればお金持ちになります、毎月100万円が目標であれば、年間1200万円を超えればお金持ちになります。

このように目の前にある投資案件がどれだけの利回りを出せるのか。そこに入れるお金をどうやって調達していくのか。これだけを考えればいいのです。

そして、不労所得をひたすら増やしていくだけの話です。これさえ実践すれば、誰でもお金持ちになれます。

不労所得を増やす2つの方法

この絶対公式から、不労所得を増やすには次の2つを考えればよいとわかるでしょう。

①いかに運用利回りを上げるか

②いかに調達コストを下げるか

ここで注意しなければいけない点があります。

それは自分の預金からお金を入れることができれば、「調達コストはゼロですね」と考える人がいることです。

1000万円の物件があります。この物件は2パーセントの利回りを生みます。それなら自分は買いたい。では、どうやって買うのか。

自分は１０００万円を預金しているので、そのお金を使います。したがって、調達コストはゼロですと考えたとします。

実は、このケースの調達コストはゼロではありません。

「えっ、何を言っているの？　自分で稼いだお金で誰からも借りてないし、利子も払っていないのだから調達コストはかかっていない」

そう思うかもしれませんが、そうではありません。第5章で説明しますが、このことはとても重要なので頭の片隅に置いておいてください。

コラム２　開業１年未満で月商１億円のクリニックになった話

コラム１にあった遠隔読影会社を売却した後、私は本格的にクリニック経営を開始しました。

私は自由診療より保険診療のほうが好きだったので、いわゆる街の開業医をやってみることにしました。私と不破先生ともう1名の医師の３人常勤という形です。私は放射線科をやりながら休日は内科外来でアルバイトをしており、数年間の内科外来の実績があったので、診療に対する不安はありませんでした。不破先生も放射線科をしながら訪問診療のアルバイトを熱心にやっていた経験があったため、内科は私、訪問診療は不破先生、もう1名の先生には両方を覚えてもらうという体制で開業をスタートしました。

コロナ真っ只中の開業だったため、発熱外来をつくり、コロナ診療にも積極的に参加しました。

また友人が老人ホームを複数経営していたため、訪問診療が必要になった入居者さんを紹介してもらうようにしました。さらに訪問診療部門を強化し、夜間休日の急変に対してスポットで老人ホームや個人宅にも伺うようにしました。この事業が行政の目に留まり、県及び市から協業の依頼が来ました。同時期に、テレビ・新聞・雑誌の取材が殺到するようになり、知名度がどんどん上がっていきました。

その結果として開業して1年たたずして、月商1億円を超えるクリニックになりました。現在は開業1年半ですが、既に直営クリニックを2店舗、フランチャイズ1店舗を運営できるようになりました。さらに直営3店舗目を２０２３年中に開業予定でいます。遠隔読影会社を運営していたときの経営ノウハウ、そのときに構築された人脈、会社を売却した経験があるという実績、ある程度の大金を投資できる経済力、そして、事業を後押しする環境要因。これらの歯車がいい感じに噛み合って今があると感じています。

しかしながら、遠隔読影事業でも感じたように、物事はいつか必ず終わりが来る、という感覚は今でも感じています。時代の流れをうまく見極めながら、その時々にあったビジネスをつくっていくのはかなり難しいですが、それ故に面白いのです。病みつきになってしまい中々辞められません。

もうしばらくはクリニック運営をしていくつもりですが、一度きりの人生ですし数年以内にまた別の事業にも挑戦してみたいと思っています。

第3章　バランスシートがあなたをお金持ちに導く

1　バランスシートと複利を理解する

運用利回りを上げて、調達コストを下げる

絶対公式から、運用利回りを上げることと調達コストを下げることで不労所得が大きくなることがわかりました。

先の例では、1000万円を入れて2パーセントの利回り、調達コストが1パーセント。したがって、不労所得は年間で10万円になりました。

もし運用利回りが5パーセントになり、調達コストが0・5パーセントになれば、4・5パーセント残ることになります。つまり、1000万円入れていれば不労所得は45万円です。投資している原資が同じであるにも関わらず、不労所得を積み上げることができます。

もちろん、運用にまわす原資を1000万円から1億円に、1億円から10億円に増やせば不労所得は増えていきます。それでもいいのですが、そう簡単に原資を増やすことはできません（原資の増やし方は第5章で紹介します）。

ということでまずは、どうやって運用利回りを上げるか、について説明していきましょう。

バランスシートの基本を理解する

初めに運用で使う概念、言葉を覚えてください。

絶対に覚える必要があるのがバランスシート（貸借対照表）です。

資産という言葉の定義(60ページ)で、「バランスシートに列挙できるものが資産」と書きましたが、ここで詳しく説明します。バランスシートと聞いただけで怖気づく人もいるかもしれませんが、ここだけは諦めずについてきてください。

バランスシートは略してＢＳ、日本語だと貸借対照表になります。

ＢＳは図表2のイメージになります。右側上段を「負債」、右側下段を「純資産」、左側を「資産」と呼びます。

バランスシートは真ん中で区切って、右半分と左半分では異なる意味合いを持っています。右側を「調達の部」、左側を「運用の部」と言います。

わかりやすく言い換えると、あなたが持っているお金はどこから来て、どこに行ったのか、がわかりやすく記載してある表だと思ってください。

もう少し具体的にみていきましょう（図表3参照)。

まずは調達の部（ＢＳの右側）です。あなたがA銀行から９００万円借金をしているとします。すると、負債のところに「９００万円」と書かれます。ほかに借金がなければ、負債のところはそ

【図表２　バランスシート記入前の表】

運用の部		調達の部	
資産の部		負債の部	
内訳	金額	内訳	金額
		純資産の部	
		内訳	金額

《解説》

バランスシートの右側にはあなたがいま使えるお金を、どうやって、いくら、獲得したかが記入される。

すなわち他人から借りた場合は負債の項目に、自分で稼いだ場合は純資産の項目に、その金額が記入される。

一方、左側にはそのお金を一体何に使ったのかが明記される。

の９００万円だけになります。

自分で稼いだお金が１００万円あったとします。これは純資産の項目に該当するので純資産に「１００万円」と書かれます。

このようにバランスシートに書かれると、あなた自身がいま使えるお金が１０００万円あることがわかり、その内訳も一目瞭然です。

この合計１０００万円を何に使ったのかが、運用の部（ＢＳの左側）に書かれます。

１０００万円のうちタンス預金で１００万円保管しているとしたら、「現預金１００万円」と書かれます。さらに、３００万円の株を買った、１００万円の債券を買った、１００万円の生命保険に入った、２００万円で車を買った、２００万円で木造・築40年の不動産を買ったとします。これでトータル１０００万円になります。

このようにあなたが集めてきた１０００万円を一体何に使っているのか。その内訳が資産の部に列挙されるわけです。

まとめると、調達の部はいま手元にある１０００万円がどういう経緯で入ってきたのか、が列挙されています。自分で稼いだお金がいくら、借りてきたお金がいくら、という具合です。

運用の部は、その１０００万円がどうなっているのか、を表しています。１０００万円がそのまま銀行預金になっているのか、何か別のものに変えたのか、という具合です。

【図表３　バランスシート記入後の表】

<table>
<tr><th colspan="2">運用の部</th><th colspan="2">調達の部</th></tr>
<tr><td colspan="2">資産の部</td><td colspan="2">負債の部</td></tr>
<tr><td>内訳</td><td>金額</td><td>内訳</td><td>金額</td></tr>
<tr><td>現預金</td><td>100万円</td><td rowspan="3">借金</td><td rowspan="3">900万円</td></tr>
<tr><td>株</td><td>300万円</td></tr>
<tr><td>債券</td><td>100万円</td></tr>
<tr><td>生命保険</td><td>100万円</td><td colspan="2">純資産の部</td></tr>
<tr><td>車</td><td>200万円</td><td>内訳</td><td>金額</td></tr>
<tr><td>不動産</td><td>200万円</td><td>肉体労働で稼いだお金</td><td>100万円</td></tr>
</table>

《解説》

この図表から、バランスシートの持ち主は６種類の資産を保有しており、それらの合計金額の９割は借金で構成されていることがわかる。

また、純資産と現預金の金額が同じであることから、現預金以外の資産はすべて借金で購入していることもわかる。

よい資産と悪い資産に振り分ける

次に、列挙された資産を「よい資産」と「悪い資産」に振り分けていきます（図表４）。

前述（61ページ）したように、よい資産とはお金を増やすもので、悪い資産はお金が減るもの、ないしは一切動きがないものになります。

現金１００万円はタンス預金です。よい資産ですか、悪い資産ですか。答えは悪い資産です。なぜなら、タンス預金は10年経っても１００万円のままだからです。

株を３００万円はどうでしょうか。毎年配当があるとすればよい資産です。債券も配当があればよい資産です。生命保険も少額ですが、利回りが出るとすれば、よい資産です。

車は自分で乗っているとお金を生み出してはいないので悪い資産です。ただし、レンタカーとして貸し出していて毎月お金が入ってくるのであれば、よい資産となります。

不動産も自分で住んでいれば悪い資産。もし人に貸していて家賃が入ってくるのであれば、よい資産になります。

このように、よい資産と悪い資産に振り分けることができます。

実は、よい資産と悪い資産に振り分ける際に、もう１つ忘れてはいけない概念があります。それはインフレーション（インフレ）です。インフレとは通貨の流通量が増えることによってお金の価値が下がることです。

現在の日本は通貨の流通量がどんどん増えているので、何もしなくても毎年お金の価値が下がっています。去年の100万円は今年も同じ100万円の価値ではありません。去年の100万円より今年のほうが少し価値が下がっています。

厳密にいうと、銀行預金や生命保険はインフレに負けることがあります。その場合は、悪い資産になってしまいます。

銀行預金の金利は現在、0・001パーセントから0・002パーセントくらいです。100万円預けておけば、ほんの少し増えるのでよい資産ではないですかと言う人もいますが、貨幣流通量の増加を考えるとインフレ率のほうが上回っています。

現金は悪い資産、株や債券はインフレに勝てるのでよい資産。保険は見かけ上は勝っているけれどインフレを考慮すると負けているので悪い資産。車や不動産は自己使用の場合は悪い資産……。

このようにインフレも考慮してよい資産と悪い資産の振り分けを行います。

バランスシートからこのようなことがわかると、何ができるのでしょうか。悪い資産をなるべくよい資産に切り替えようという発想が生まれます。

現金で100万円を置いておいても仕方がないので、株や債券に変えよう。生命保険を解約して債券を買おう。実家に戻って住んでいる家を貸し出してしまおう。車もあまり使わないのであれば、公共交通機関を使うようにしてレンタカーとして貸し出してしまおう……。

このように悪い資産をよい資産に変えていくのです。

実は、こうやってバランスシートの資産の部をどうやって切り替えるともっとも利回りがよくなるのかを日夜考え、実践するのが投資家なのです。

バランスシートを見ながら資産を組み替えていく

バランスシート（図表4参照）を見ると、自分の運用状況がどうなっているかを簡単に知ることができます。資産を見たとき、1年後に10万円の不労所得が出てきたとします。この10万円がバランスシートのどこに行くかというと、借りてきたお金ではなく自分で稼いだお金なので純資産に組み込むことができます。

つまり、1年後には純資産に「10万円」が追加されて、110万円になります。

次に考えるべきは、この10万円が何に使われているかです。

飲食代に使ったのであれば、この10万円は消えてなくなります。資産には書かれません。しかし資産の部のどれか、例えば株に投資したのであれば、翌年は300万円が310万円になります。

このようにバランスシートの右と左を行ったり来たりさせることによって、不労所得は少しずつ積み上がっていきます。

あとは地道にこの作業を繰り返します。不労所得を増加させるのは、たったこれだけなのです。

【図表４　バランスシート】

よい資産

悪い資産

運用の部		調達の部	
資産の部		負債の部	
内訳	金額	内訳	金額
株	**300万円**	借金	900万円
債券	**100万円**		
現預金	100万円		
生命保険	100万円	純資産の部	
		内訳	金額
車	200万円	肉体労働で稼いだお金	100万円
不動産	200万円		

≪1年後≫

不労所得
10万円

運用の部		調達の部	
資産の部		負債の部	
内訳	金額	内訳	金額
株	**300万円**	借金	900万円
債券	**100万円**		
現預金	100万円		
生命保険	100万円	純資産の部	
		内訳	金額
車	200万円	肉体労働で稼いだお金	100万円
不動産	200万円	不労所得で得たお金	10万円

≪2年後≫

不労所得
10万円＋α

運用の部		調達の部	
資産の部		負債の部	
内訳	金額	内訳	金額
株	**300万円＋10万円**	借金	900万円
債券	**100万円**		
現預金	100万円		
生命保険	100万円	純資産の部	
		内訳	金額
車	200万円	肉体労働で稼いだお金	100万円
不動産	200万円	不労所得で得たお金	10万円

複利で運用利回りを上げていくことが重要

バランスシートを右から左へ毎年グルグルまわしていくと、もう1つの概念が生まれてきます。

1000万円から生み出された不労所得10万円を使ってしまったら、それでおしまいですが、使わなければ資産の部にもう一度組み込むことができます。

組み込むと、例えば300万円の株が310万円になります（図表4）。つまり、1年後に出てくるお金（不労所得）が10万円より少し増えていきます。翌年には、また純資産に組み込まれていきます。そして翌々年、さらに左の資産に組み込まれて、と不労所得はどんどん大きくなってバランスシートの左右をグルグルまわります。

これを「複利で運用する」と言います。

毎年毎年10万円を使ってしまうと「単利で運用する」ことになります。

例えば元本1000万円に対して4パーセントの年利であれば不労所得は毎年40万円になります。今年も翌年も翌々年も40万円です。つまり、資産は一次関数で増えていきます。これが単利です。

一方、40万円を再投資することで元本1000万円が少しずつ増加していき、その結果として資産から生み出される不労所得が40万円を少しずつ上回っていきます。これを繰り返すと資産は指数関数で増えていきます。これが複利です。

資産が一次関数で増えるのと指数関数で増えるのでは、時間が経てば経つほど、とてつもない差が生まれてきます。グラフに表すとよくわかります（図表5参照）。

前半は大差ないですが、後半は桁違いの差が生まれます。つまり、複利で回すことによって資産の増幅スピードが加速し、生まれてくる不労所得もどんどん高額になっていきます。複利とは一次関数を指数関数に変化させる魔法であり、資産と不労所得を爆増させる魔法なのです。

複利を駆使してバランスシートの右左を回しながら、不労所得をどんどん積み上げていく。これがきわめて重要です。

バランスシートをこのように理解できると、運用をイメージすることが容易になるはずです。

最終的には、バランスシートがどんどんタテに伸びていくというイメージ、つまり純資産100万円が110万円になり、120万円になり、130万円になってバランスシートがどんどん下に伸びていくことになります。下に伸びれば伸びるほど、資産が増加していることになるので、もちろん生み出される不労所得は増えていきます。

つまり、資産の組み替えにより運用利回りを上げるだけでなく、複利を使って運用に回す原資を増やすことで不労所得を最大速度で増やしていくのです。

バランスシートはこのように使っていきます。ご理解いただけましたか？

バランスシートを見慣れている経営者でも、この考え方は新しいもののはずですので、この機会にぜひマスターしてください。

【図表５　元金 1000 万円を年利４％で運用した場合】

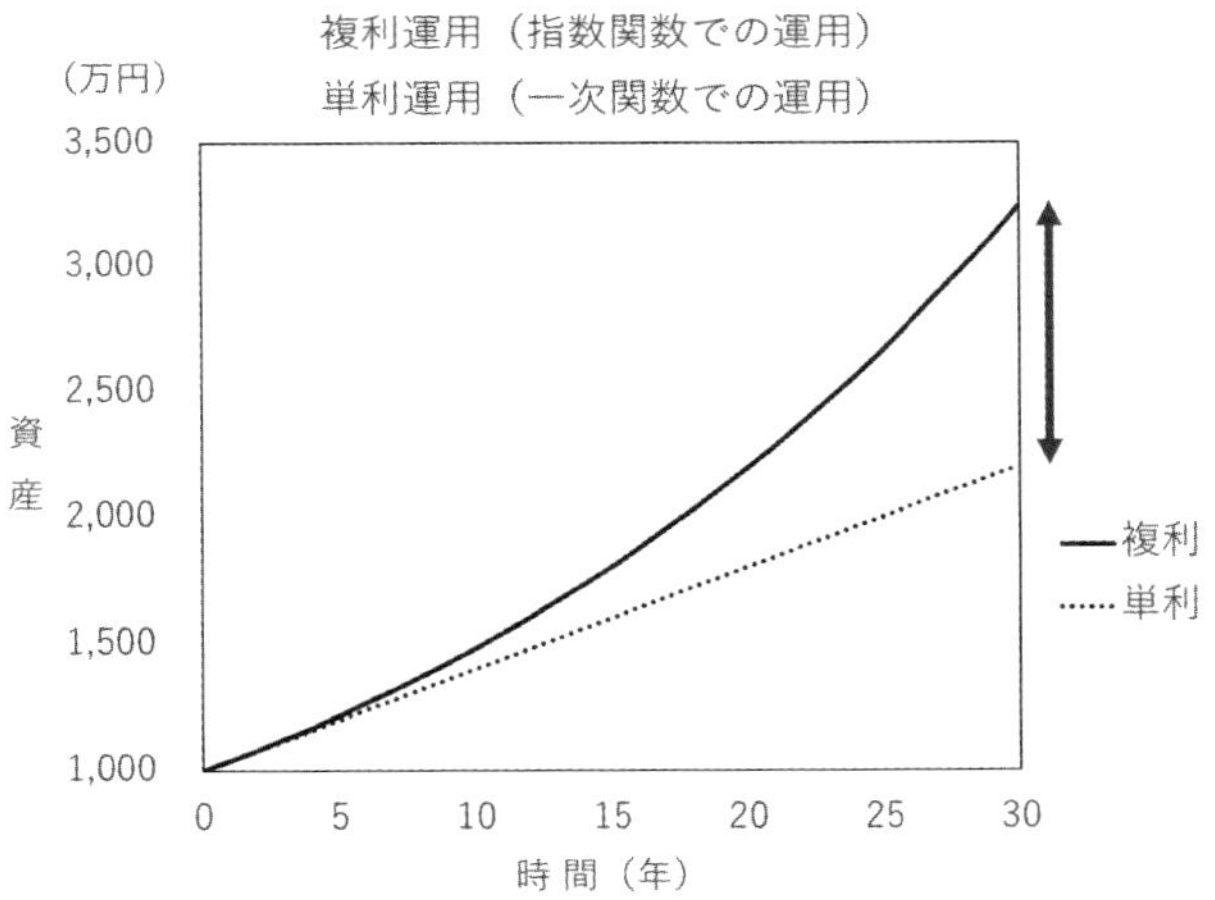

《解説》

最近よく話題にあがる 4% ルールを基準に、単利運用と複利運用の図を示した。
ご覧の通り５年目までの差は大きくないが、それ以降は徐々に大きな差が生まれてくる。

2　指数関数の最大効果を手に入れる方法

45歳開業医のバランスシートからお金持ちの定義を考える

バランスシートを使って、もう1つのケースを見てみましょう。

図表6は45歳、開業医の先生をイメージしたバランスシートです。どのような資産状況、調達状況になっているでしょうか。

調達の部を見ると、負債に1億円があります。これは銀行から1億円を借りているようです。そして、純資産に仕事で貯めたお金が5000万円あります。したがって、この人は自分の裁量で使えるお金が1億5000万円あるという状況です。

資産の内訳を見ると、不動産が8000万円、株が2000万円、生命保険が500万円、車が3000万円、高級時計が500万円、現金を1000万円持っています。

これらをよい資産と悪い資産に振り分けてみましょう。

不動産は投資用物件で、実質利回りが3パーセントあるとします。かなり優秀な不動産です。株も優良株を買っていて、配当金が年に3パーセントとします。以上はよい資産です。

生命保険は少しずつ増えていますがインフレに負けているので、プラスマイナスゼロと考えます。

【図表６　開業医の先生のバランスシート】

運用の部			調達の部	
資産の部			負債の部	
利回り	内訳	金額	内訳	金額
3%	不動産	8,000万円	銀行から借金	1億円
3%	株	2,000万円		
0%	生命保険	500万円		
0%	車	3,000万円	純資産の部	
			内訳	金額
0%	高級時計	500万円	貯金	5,000万円
0%	現金	1,000万		

よい資産（3%の行：不動産、株）

悪い資産（0%の行：生命保険、車、高級時計、現金）

≪1年後≫

運用の部			調達の部	
資産の部			負債の部	
利回り	内訳	金額	内訳	金額
3%	不動産	8,000万円	銀行から借金	1億円
3%	株	2,000万円		
0%	生命保険	500万円		
0%	車	3,000万円	純資産の部	
			内訳	金額
0%	高級時計	500万円	貯金	5,000万円
0%	現金	1,000万		

不労所得
300万円

つまり、悪い資産になります。

車はスポーツカー好きでマクラーレンを持っているとします。マクラーレンも収入を生み出すわけではないので悪い資産です。時計もウブロやオメガを持っているとしますが、これもお金も生み出しているわけではないので悪い資産になります（マクラーレンやウブロ、オメガは売却時に値下がりすることが多いので、売却益に焦点を当てても悪い資産です）。

現金は悪い資産となります。

このバランスシートから出される1年間の不労所得は、「運用利回り―調達コスト＝不労所得」なので、不動産と株の1億円からの3パーセントで３００万円になっています。

もし、この先生の年間の生活コストが３００万円を下回っているのであれば、この仕組みをつくった段階で目標達成です。あとはこの３００万円を使って人生を生きていく。それだけでいいわけです。時間とお金の自由を同時に手に入れるという意味においては、人生は上がりになります。

ただ、45歳開業医でこれだけのバランスシートを持っている人が、年間３００万円の不労所得で生活できるでしょうか。できるわけがありません。

これぐらいの先生なら、1年間で10倍の３０００万円くらい使っていることも考えられます。その場合は、不労所得が年間３０００万円にならないと、お金持ちの定義を満たさないことになります。

運用において不労所得を増やす２つの方法

年間の不労所得を３０００万円にするには、どうすればいいのか。

運用の部においてやれることは２つしかありません。

１つは、全体の運用利回りを上げることです。

そのためには、生命保険の５００万円を解約して株を買おう。マクラーレンを売れば３０００万円になるので、そのお金で新しい不動産を買おう。時計もお金を生み出さないので売ってしまおう。現金を持っていても仕方がないので債券を買おう……。

このようにして資産から生まれる不労所得を上げていきます。

１億円に対する３パーセントではなく、１・５億円に対する３パーセントにできれば、不労所得の金額は年間４５０万円になります。このように資産を組み替えていきます。

２つ目の方法は、資産の組み替えだけではなかなか不労所得が３０００万円には到達しないので、運用できる原資を増やすことです。

運用する原資を増やす一番簡単な方法は再投資です。

３００万円が純資産に組み込まれてプラス３００万円になったとき、この３００万円には手をつけず、もう一度、資産のどこか、例えば株に組み込みます。すると、資産の部から出てくる不労所得の金額が上がります。これがまた純資産に組み込まれる。それをまた資産に組み込むとさらに不労所得は上がる……。こうしてバランスシートがどんどん下に伸びていきます。

このイメージでバランスシートを下にふくらませていくことは、運用原資が増えていることと同義になります。したがって、不労所得も少しずつ増えていきます。

複利で指数関数が働くと、バランスシートが下に伸びるスピードが最初はゆっくりだったのが、時間が経つにつれてどんどん勢いがつきます。

指数関数の効果を最大限に発揮させる

次に、複利の指数関数をより効率的に使う方法を考えてみましょう。

指数関数は初速は一次関数と大差ないのですが、時間が経てば経つほど急激に差が出てきます。つまり、できるだけ早く再投資を始めたほうが後半の伸び率を享受できるということです。したがって、時間を味方につけることが重要になります。

もう1つ、複利を効率的に使うためにやれること。運用の原資が大きければ大きいほど、指数関数の高いところからスタートできます。

例えば、原資が100万円の人と1000万円の人、あるいは1億円の人では、指数関数のスタートの高さが違います。同じ5年間でも、生み出される不労所得はまるで違う数字になるのです。

早く始めて時間を味方につけること、運用に回す原資をなるべく多く入れること、これが指数関数の効果を最大限に発揮させるということです。

複利による指数関数の効果を最大限に発揮させる方法は、次の2つです。

①時間を味方につける

②原資を増やす

3　リスクをゼロに近づけるための5か条

リスクの定義を再確認する

45歳、開業医の先生のバランスシートには1・5億円の使えるお金があって、1億円はよい資産に振り分けられていました。しかし、5000万円が悪い資産に振り分けられているので、この悪い資産を全部現金化して5000万円のキャッシュを手に入れたとします。

この5000万円を1つの投資案件にバーンと入れるか、あるいは1000万円ずつ5つの別々の投資案件に入れるか。どちらが望ましいでしょうか。

例えば、利回りは同じ。5000万円の案件は年利3パーセントで、1000万円の案件もすべてがそれぞれ年利3パーセントとします。

さて、あなたはどうしますか？

1000万円ずつ5つに分けて投資すると答えた人は、「1つの案件にすべて投資するとゼロになってしまうのでは。少しでもリスクを減らすために分散する」。そのように考えたのではないでしょうか。

同じ利回りの5000万円1発と1000万円×5発だったら、後者のほうが安全と考える人が多いと思います。

その考え方、非常に危ないです。上記のように考えてしまった人は、この機会にしっかり学んでいただかなくてはなりません。

実は、「ここで与えられた情報だけでは選べない」が正解なのです。なぜなら、後者と答えた人は前に説明したリスクという言葉の意味をカン違いしているからです。

5000万円を失うのはダメージが大きいから、どうせ失うのなら1000万円や2000万円ですむような案件に入れるという判断をしたのでしょう。これでは「リスク=不確実性」に基づいた正しい評価ができていません。

もし仮に5000万円の案件に関して、90パーセントの成功率ということがわかっていたとします。一方、1000万円に関してはすべての案件をならすと70パーセントの成功率とします。

さて、どちらを選びますか。ここまで情報が出ていれば、全員が5000万円の案件を選ぶはずです。

1案件に入れる金額が大きいとか、うまくいかなかったときに失う金額が大きいということをリスクと考えると、不確実性を考慮する前に「５０００万円なんて金額が大きすぎる。そんなのあり得ない。恐い。１０００万円なら1個ぐらい失ってもいいかな」と考えるのです。

これはリスクという言葉を不確実性ではなく危険性、あるいはダメージという言葉に勝手に変換しています。すでにリスクの定義を理解しているはずなのに、いざ実践になると多くの人がわからなくなってしまうのです。

1個のバスケットに入れるよりも、たくさんのバスケットに入れたほうがいいのではないか。それが分散投資ではないのか。リスクヘッジになるはず……。

こうした表面的な知識だけでは「利回りは、５０００万円が3パーセント、１０００万円×5個が3パーセント。はい、どうですか？」と言われたとき、みんな後者を選んでしまいます。

そして、いつか失敗します。なぜなら後者のほうが成功確率が低いからです。

ここでリスクという言葉を改めて、正しく理解しておいてください。リスクとは不確実性です。

もっとも、この不確実を評価することがとても難しいのです。90パーセントや70パーセントと誰かが評価してくれたら最高ですが、自分で評価しなくてはいけないわけですから。

それでは、リスク＝不確実性をなるべくゼロに近づけるようにするにはどうしたらいいのか。その方法を紹介します。

不確実性をなるべくゼロに近づける方法

詐欺案件を見抜くための5か条、5つの法則があります。

これはまさに不確実性をなるべくゼロに近づけるための方法です。この5項目を守っていくと、確実に不確実性を減らすことができます。

5つの法則その①／「運用責任者が自分と近い距離にいること」

投資というのは、他人のビジネス案件に乗っかることです。株であれ、不動産であれ、ビジネスにはそれを牛耳っている人、運用責任者がいます。この人との距離が近いと、情報をたくさんもらえるので不確実性が減ります。

5つの法則その②／「運用利回りが高すぎないこと」

例えば月に5パーセント、あるいは4パーセントぐらいの運用利回りを出しますと言われたら、その瞬間に「かなり危ない」と判断していいでしょう。そうした投資案件が世の中に存在しないとは言いませんが、かなりレアです。

運用利回りが月に3パーセントを超えたら相当に注意したほうがいいでしょう。たまに暗号通貨関係で月利10パーセントや7パーセントという案件がありますが、それらはほぼ間違いなくうまくいかないと判断してください。

５つの法則その③／「入れたお金を自分の裁量において返還してくれること」

資金のコントロール権は相手ではなく、自分にあるということです。このようなビジネスモデルであれば、不測の事態が起きたときもすぐに撤退し、被害を最小限にとどめられます。相手に預けてしまった後、手も足も出させないのではロスカットさえもできません。

５つの法則その④／「投資案件全体の運用総額が小さすぎないこと」

経験上、全体で数億円規模の投資案件でないと、失敗する可能性が高くなります。世の中は資本主義なので、ビジネスでは使えるお金が大きければ大きいほど成功確率が高くなるからです。これはビジネスで成功したことがある人なら、みんなが知っている事実です。

ビジネスは１０００万円よりも1億円、１億円よりも10億円でスタートしたほうが成功確率は高くなります。投資案件を見極めるうえで、全体でどれだけの金額が運用されているのかを確認します。総額が小さすぎると、うまくいく可能性が低いと判断できます。私の場合、最低でも運用総額が1億円以上の案件でないと恐くて手を出せません。

同じような意味合いで、「エントリーする人の１口当たりの金額が小さすぎないこと」もあげられます。

１口が1万円や10万円でエントリーできる案件はかなり怪しく、うまくいかない可能性が高いと思われます。なぜなら、そんな小口で集めなければいけないような投資案件は、本物の投資家たちが見向きもしなかった案件であるためです（第4章で詳しく解説します）。

さらに、小口にしてあるのは、例えば1万円や10万円なら詐欺だとわかっても訴えられる可能性が非常に低いからです。もし1口100万円や1000万円だと、訴えられる可能性が格段に高くなります。

そもそも本当に優良な投資案件であれば、たとえ1口が5000万円であっても勝率が高いのだから投資する人はいます。それができないので、小口にしてなんとかエントリー者を集めるということは、うまくいかない可能性がかなり高いと判断できます。

言い方は乱暴ですが、こういう案件はリスクという単語をはき違えて、10万円なら失ってもいいやという人たちをカモにしているのです。

5つの法則その⑤／「ビジネススキームがシンプルであること」

ビジネススキームが複雑になっている場合は、素人を煙に巻くためにあえて複雑にしてあるケースが多いのです。例えば「あなたが持っている暗号通貨を貸し出してもらい、毎月配当を払い出します。その配当はアービトラージによって得てきます」などと言われると、「何を言ってるの？」となると思います。なんとなくカッコいいけど、よくわからない……。

儲かるビジネスは、だいたい仕組みがシンプルです。安く仕入れて高く売る。なぜ安く仕入れられるのか、なぜ高く売れるのか。そうした理由がちゃんとあります。

５つの法則に「時のフィルター」をプラスする

①運用責任者が自分と近い距離にいること
②運用利回りが高すぎないこと
③入れたお金を自分の裁量において返還してくれること
④投資案件全体の運用総額が小さすぎないこと＆エントリーする人の１口当たりの金額が小さすぎないこと
⑤ビジネススキームがシンプルであること

以上の５つの法則を駆使してリスクをなるべくゼロに近づけていく作業を行っていきます。ただし、これだけではゼロにはなりません。実はリスクをゼロに近づける、最も重要な方法は「時間をかけてその案件をじっくり見ること」です。

最低3年間ぐらい、そのビジネス案件がしっかりまわっているかを確認します。３年間回っていて詐欺でしたということはほとんどありません。通常の詐欺は1年か2年で逃げてしまいます。

３年見れば、悪意を持った詐欺案件はほぼ見抜くことができます。もちろん詐欺ではないけど、必死にビジネスをやった結果うまくいかずに投資資金が回収できない場合も多々ありますが。

３年間実績があるということは、そこそこ再現性が高いのです。

この「時のフィルター」、３年間見定めることはきわめて重要です。

その①の運用責任者との距離が近いとき、3年間あればその人の〝人となり〟も見えてきます。3年間、その人がビジネスしているのをそばで見ているわけですから、ウソをつきそうな人だな、けっこう調子がいいことを言う人だな、一緒にいてなんとなく気分が悪いなというような感覚が芽生えてきます。そして、だいたいその予感は当たります。

ボーッと待っているのではなく、3年間で運用責任者の人間性をチェックする、スキームが本当にシンプルなのかチェックする、お金が実際に戻ってくるか、などをチェックします。最低金額でエントリーして3年間様子を見て、これならうまくいくと判断できたら増額していくというのがいいでしょう。

これらの方法によって少しずつ成功確率は上がっていきます。

こんなに地味で時間が掛かる作業なのか、と思われた方もいるでしょうが、こんなに地味で時間が掛かるのです。何事もそうですが、コツコツと積み上げていくしか成功のコツはないのです。

特に投資の世界では一発逆転のような魔法を期待する人も多くいますが、そういう案件はギャンブルに過ぎません。たまたま上手くいくこともありますが、再現性は全くありません。

似たようなギャンブル案件に何回かチャレンジするとどこかで必ず失敗します。

そして投資に絶望して退場してしまうのです。投資は1つの学問です。学問を学ぶのに近道はありません。

第4章　世の中には「情報ピラミッド」が存在する

1　投資案件に存在するピラミッド構造

「なるべく早く始める」と「3年間見定める」は矛盾している……

不確実性をゼロに近づけるためには詐欺を見抜く5つの法則があり、「時のフィルター」も必要なことはご理解いただけましたか。

時のフィルターをかける3年間はボーッとしているのではなく、運用責任者と近いのであれば、どういう人間なのかを見ていくことで少しずつ〝人となり〟がわかってくるようになります。

多くの運用責任者と知り合うことができれば、「この人は信用できそうな人だな」とか、「この人は信用できないかも」など、わかるようになってきます。そして、「この人がやっているビジネスなら、だいたい年間の利回りがこれくらい出そうだ」ということも見えてくるようになります。そうすると、どの投資案件が不確実性が少ないのか選ぶことができます。

最初は選択肢が少なく、1人にバーンと預けなければいけないかもしれませんが、運用責任者が複数いて、同じような再現性であれば分散するのもいいでしょう。再現性が同じなら、分散することで不確実性を減らすことができます。

ここで、次のような疑問が生まれるかもしれません。

「運用責任者と会えることなんて、めったにないのでは」

「3年間も様子見をしなければならないなんて、いつまで経っても本格的に投資できないじゃないか」

あるいは、「こんなに厳しいならば一般人には投資などできない」と言う人もいるでしょう。そんな人に対して、私は「仰る通り」と答えるしかありません。「大丈夫ですよ、あなたにもできますよ」と軽々に発言することはできません。

なぜなら「あなたならできます」と言うとウソになるからです。１００人のうち1人はできるかもしれませんが、99人はできないとしたら、それはウソになってしまうからです。

ピラミッドの階層が下がると利回りも下がっていく

私が説く不確実性をゼロに近づける方法を実践しても、だまされる人がいたり、運用で高利回りを出せなかったりします。その理由を説明していきます。

世の中には「情報ピラミッド」というものが存在していて、投資案件においてもピラミッド構造が存在するのです。このピラミッドは図表7のような階層になっています。

私たちが乗っかろうとしているビジネス案件の運用責任者をAさんとします。このAさんが素晴らしいビジネスを思いついて、お金さえあれば十分やれるという状況まで持ち込みました。Aさん

【図表７　情報ピラミッド】

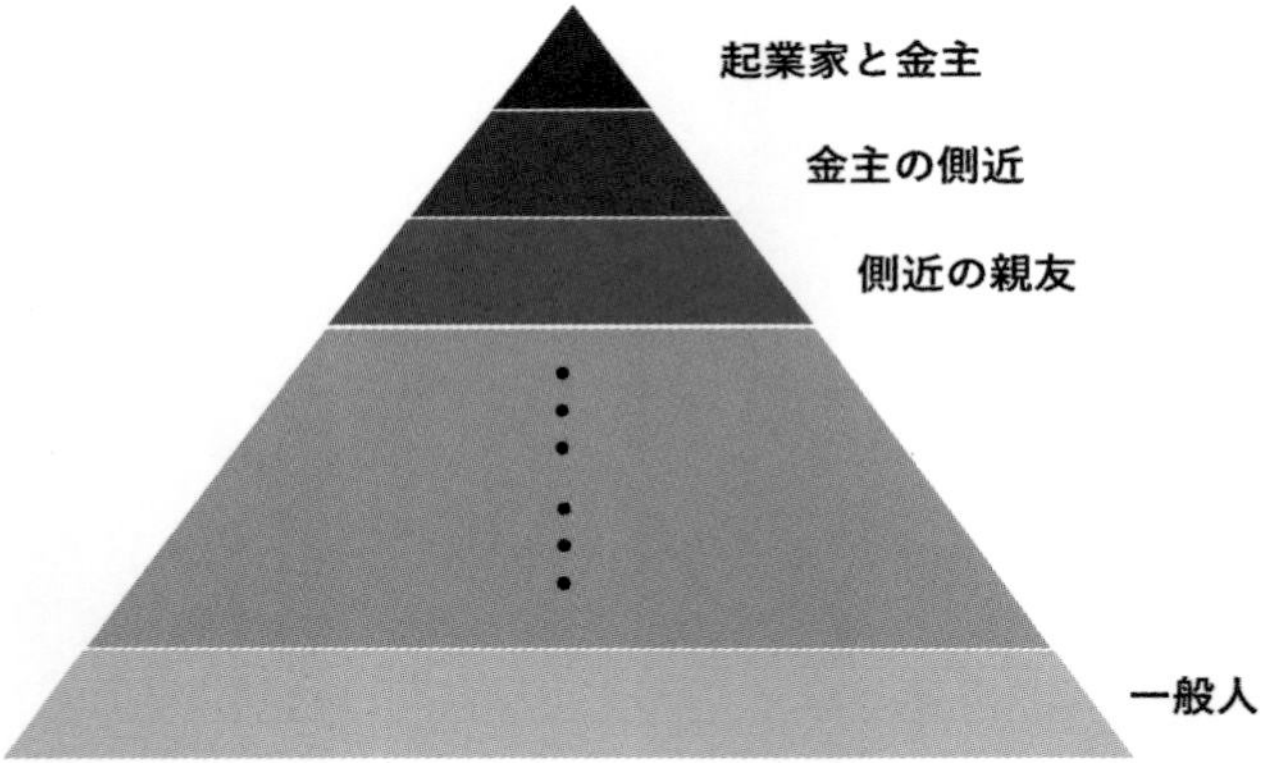

《解説》

このような情報ピラミッドは投資の世界だけでなく、日常生活にも溢れている。

例えば、転勤するためにバイトが続けられなくなった場合や自分のクリニックを承継する場合を想像してみてほしい。

バイトやクリニックが好案件であればあるほど、家族や親友に譲りたいと思うはずである。

いきなり赤の他人にその話を持っていこうとはならないのだ。

はお金を集めたいので、銀行やいろいろなところに相談しますが、まだ目標金額に達成しません。

そこで、知り合いのBさんに「私にはこういう事業計画があって、ここまでお金が集まったのですが、まだ足りません。Bさん、少しお金を貸してくれませんか」とオファーしたとします。

Bさんはビジネスの内容やAさん自身のことをいろいろチェックし、このビジネスモデルはうまくいきそうだと判断して「いくら足りないの？」と尋ねたところ、「実は3億円足りない」という返事でした。

「3億円出すのであれば、年間15パーセントの金利をつけて返してよ。あなたのビジネスモデルならそれくらいできるでしょう？」

「できます。頑張ります」ということで、お金のやりとりがなされたりします。

これが他人のビジネスに乗っかるという投資の根幹になります。

Bさんが自分のお金で3億円を出した場合、この投資案件に関して話はこれでおしまいです。ピラミッド構造も何も関係ありません。AさんとBさんのあいだの個人的な金銭貸借で話は終わります。

しかし、Bさんが自分1人では3億円を持っていない、あるいは3億円を持っていても自分1人でAさんに貸すのはちょっと不安がある、ということもあり得ます。

その場合、情報ピラミッドの頂点はAさんとBさんで構成されます。Aさんのビジネス案件にB

さんが乗っかるためにお金を出そうという状況です。

そして、Bさんが「3億円出すけど、1か月待って」と言って、そのあいだにBさんが仲のいい兄弟分みたいなCさんとDさんに声をかけたとします。

「Aさんからこんな話が来たんだよね。おれもAさんのことをいろいろ調べてみたけど、たぶんうまくいくと思うんだ。年間15パーセントの金利にも同意してくれたし。

ただ、ビジネスとして不安はないけれど、Aさんとは初めてのつき合いなので3億円はちょっと重い。おれが1億5000万円入れるけど、Cさん、Dさんもどう？」

「いいですね、僕らにもやらせてください」と言って、CさんとDさんが7500万円ずつ出したとしたら、やっぱり話はここでおしまいになります。

ところが、CさんとDさんが「おれたちも5000万円ぐらいが限界かな」と言って、それぞれ5000万円出したとします。あと5000万円足りません。

そこで、Cさんが仲良くしているEさんとFさん、Dさんが仲良くしているGさんとHさんに「知り合いがさあ……」と話を広げていくと「いいですね。ぼくたちが○百万、○千万円入れます」という話になり、トータルで3億円集まりました。

その後、Aさんがビジネスを開始してうまくいきました。

BさんはAさんと直接やり取りをしているので年間15パーセントの金利が入ります。このとき、

Bさんが「Cさん、Dさん、申し訳ない。自分もそれなりに労力を使っているので、少しだけ必要経費をほしい」と言うことはよくある話です。

Cさんとさんは「Bさんがいろいろと調整してくれたおかげで利益が出たのだから、もちろん必要経費をお支払いしますよ」と了解しました。

その結果、CさんとDさんの利回りは若干低下します。同じロジックで、EさんとFさんの取り分からCさんが若干の必要経費をもらい、GさんとHさんの取り分からDさんが若干の必要経費をもらったとします。

このようにピラミッドの階層が下がっていくと、受け取る利回りもどんどん下がっていくという現実があるのです（図表８参照）。

ピラミッドの最低階層で戦っていても勝てない

ここから学ぶべきことです。

１つ目は、真によい投資案件であれば、ピラミッドの早い段階ですぐにお金が集まってしまい、それより下のほうに話が流れることはないということ。おいしい投資案件は身内だけで話が終わってしまうのです。

２つ目は、階層が下がれば下がるほど、必要経費だけ利益が目減りするということ。したがって、

【図表８　情報ピラミッド】

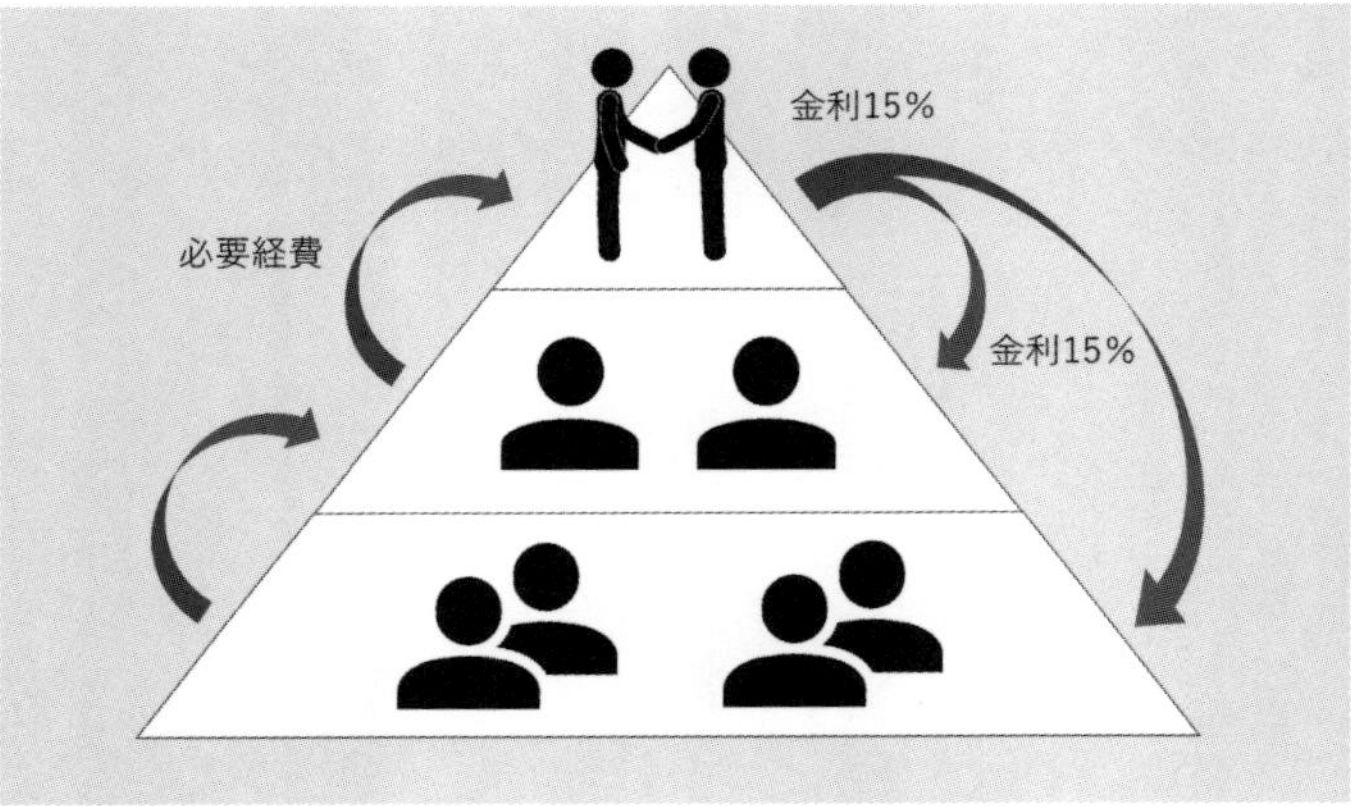

《解説》

本当に優れた情報は、極めて限定的な人たちのみでやり取りがなされる。

逆に言えば、多くの人たちに共有されている情報に優れた情報は存在しない。

また、介在者が多くなるほど必要経費は増えていく。

さらに、詐欺師のような悪意に満ち溢れた人間も紛れ込む。

これが真実である。

介在者が多くなればなるほど利回りは下がっていきます。

３つ目は、介在する人が増えれば増えるほど、悪い人間がまぎれ込む可能性が高くなるということ。つまり、リスクが上がります。

ピラミッドの上のほうであれば、ＡさんとＢさんはタッグを組んでいるのでツーカーの仲です。ＣさんＤさんも、Ｂさんに対して「Ａさんは最近どんな調子ですか」と聞くことができます。

Ｅさん、Ｆさん、Ｇさん、Ｈさんもおおむね話を聞くことができるのに、下の階層になってくると、上の連中が何をやっているのか見えなくなります。しかも、お金を持って逃げる連中やウソをつく連中は、だいたい中間の層にいるのです。

したがって、ピラミッドの階層が下がると不確実性が上がり、リスクが増します。

４つ目は、いまの皆さんが「他人の投資にエントリーしましょう。他人のビジネスにお金を出しましょう」と誘われたときは、まず間違いなくポンコツな案件です。真によい投資案件はピラミッドの上のほうだけで話が終わるので、下のほうまで話が来るということは、一流の投資家が「こんなのにお金を入れられない」と言って、見向きもしなかった案件です。

つまり、投資初心者がキャッチできる案件はピラミッドの最下層に位置するポンコツ案件なのです。これは要注意です。

以上の結論として、ピラミッドの最下層で戦っているうちは勝てるわけがないということになります。詐欺に遭う可能性も高く、詐欺でなかったとしてもリターンが少なくなります。

そもそも、底辺まで回ってくるのは上の連中が見向きもしない案件です。これではたまたま勝つことはあってもいつか負けてしまいます。

ピラミッドの上層に上がるには

皆さんからは「自分が底辺の階層にいるのだとしたら、どうやって上層にいけばいいのですか？」という質問が出ると思います。

ピラミッドの上に行くには、どうしたらいいのか。

ピラミッドの上層に上がる方法は2つしかありません。ただし、どちらも茨の道、かなり厳しい道です。

1つは、ピラミッドの上に行くために自分自身で努力して、1段ずつピラミッドの階段を上っていくこと。つまり「自力」です。

もう1つは、すでにピラミッドの上にいる人たちに気に入ってもらって引き上げてもらうこと。つまり「他力」です。

自力で上がっていくか、誰かに引き上げてもらうか。このどちらかになります。私は幸いにも上の人たちとうまくつながり、引き上げてもらうことができました。

おかげで投資の成功確率を早い段階で高くすることができました。もし全部自分でやれと言われてコツコツ積み上げていたら、いまの段階で現在の不労所得をつくることはできなかったでしょう。

2　情報ピラミッドの階層を上がっていく2つの方法

自分が情報ピラミッドの最底辺にいることを自覚してください

情報ピラミッドの最底辺にいる人が上に這い上がるための2つの方法を紹介しました。ただ、概念的なことはわかっても、具体的にはどうしたらいいのかわからないでしょう。

情報ピラミッドが世の中に存在すること、それ自体は仕方がないと思って認めてください。そんなものは存在しないとは言わずに、それが現実だから仕方ないと受け止めるしかありません。

そして、本書を読んでいるほとんどの人が情報ピラミッドの最底辺にいること、これまた仕方のない現実です。

皆さんは投資家でもないし、ビジネスオーナーでもありません。お医者さん・歯医者さんという優秀な人たちであっても、投資やビジネスオーナーの業界から見ると素人なのです。開業医の先生でも、本書で言うビジネスオーナーに分類できる人はほとんどいないでしょう。

それでも時間とお金の自由を同時に手に入れるために、このピラミッドを上がっていきたい方のため、その方法を説明します。

自力で階層を這い上がっていく方法

情報ピラミッドの最底辺まで回ってくる案件、簡単に言うと、皆さんがボーッとしていても話が降ってくるような投資案件や、少し調べればすぐに参加できるような投資案件には、株やＦＸ、投資信託、不動産、生命保険など、さまざまな投資商材があります。知り合いが誘ってくれたビジネス系の投資案件などもあるでしょう。

私たちには時間とお金の自由を同時に手に入れるという大前提がありますから、それを具現化できるような投資案件をピックアップして、実際にチャレンジしてみる。これしかありません。

素人がチャレンジするわけですから、だまされたり、あるいはうまくいかず、失敗してお金を減らすことが頻繁に起こると思います。

それでも「この失敗から学べることが必ずあるはず」という強い精神状態で、自分の失敗と向き合い、少しずつ自分の知識やテクニック等をブラッシュアップしていきます。

買ったら全部お任せできるような不動産案件に興味があるのなら、最初は小さく、１０００万円でも２０００万円でもいいので、まず自分で投資してみます。

すると、ポンコツな案件をつかまされたり、事前に聞いていた話と違うような手数料を取られたりして、「あれっ！」と思うはずです。しかし、そうした経験を積み重ねていくと、次に同じような案件が来たとき、前回の失敗を踏まえて確認点が増えていくなど、少しずつブラッシュアップされていきます。

そして、自分の好きなところを徹底的に追求していくことで徐々にほかの人たちよりも経験値が高まり、集まってくる情報も洗練されてきます。

その結果、ピラミッドを上っていくことができます。これは不動産にかぎりません。株でも債券でもビジネス案件でも同様です。

ただし、興味があるのはＦＸなのでＦＸのデイトレードで頑張りますと考えてはいけません。これではそもそものゴール設定が間違っています。

ＦＸを趣味にしたいという人が、ＦＸに向き合って大量の時間を使うのは問題ありませんが、私たちが目指しているのは時間とお金の自由を同時に手に入れるというゴールの達成です。そのために投資というツールを使っているのです。

自分が肉体労働をしなければいけないような株やＦＸのデイトレードをチョイスして、その腕をブラッシュアップして磨き上げていっても、セルフエンプロイヤーのスペシャリストになれるかもしれませんが、時間とお金の自由は絶対に手に入りません。

ここを間違えてはいけません。あくまでも自分の目的を達成するための投資商材にエネルギーを費やして、そこを中心に経験値を徐々に上げていきます。

コツコツやり続けて数年後に振り返ると、不動産にすごく詳しくなっていたり、配当金が確実に狙える簡単にはこけない株を見極められるようになってきます。

これが自力の方法です。

上の階層にいる人に引き上げてもらう方法

2つ目は、すでに情報ピラミッドの上のほうにいる人たちに引き上げてもらう方法です。これも一筋縄ではいきません。

なぜなら、情報ピラミッドの上のほうにいる人たちはきわめてクローズドなコミュニティーの中で生きているからです。そうした人たちは新しい人と知り合わなくても、すでに十分に幸せな世界に生きています。

したがって、自分たちのコミュニティーと関係のない、しかも投資に疎い素人と仲良くなろうとは思わないのです。

私の場合、さまざまなジャンルの投資家とたくさん会いました。自称投資家と称する人たちなので、なかには詐欺師もいました。インスタグラマーみたいにきらびやかな世界を演出しているけれど、実際は全然そんなことはないというエセ投資家もいました。

それでも、たくさんの人と会っていると「あれっ、この人は本物じゃないかな」と思える人に出会うことがあります。そのときは、いったんその人を信じて膨大な時間をともに過ごします。

そうして相手がどういう人間なのかを知り、また自分がどういう人間なのかを知ってもらいます。コミュニケーションを取りながら、３か月でも半年でも1年でも一緒に過ごします。

こうしたつき合いから、格上である投資家に「きみ、面白いね。気合いが入っているね。ぶっ飛んでいる医者だね」というふうに興味を持ってもらい、いろいろ教えてもらえるようになりました。

つまり、ピラミッドの上層階の人に気に入られることができたわけです。ただし、それだけではまだうまくいきません。その人が成功した方法と自分が成功できる方法が一致しない場合があるからです。

一流の投資家を見つけ、その人になついて教えてもらい、うまくいかなければまた別の投資家を探して、またなついていく。そして、それをうまくいくまで繰り返す。こうしてピラミッドの上層階に混ぜてもらうのです。

私もかつてある投資家に出会い、憧れ、この人みたいになりたいと思ったことがあります。半年間ぐらいその人のそばにいて、友人としてつき合いました。

「きみ、面白いね。ちょっと教えてあげるよ」と言われて1年間ぐらい投資について教えてもらって、言われたとおりに必死にやりましたが、結局、うまくいかなくて、その人が所属しているコミュニティーには入れなかったという経験があります。

「どうしよう」と途方に暮れていたときに尊敬できる投資家が見つかりました。彼はビジネス投資が得意だったので、ビジネス投資のことを教えてもらったら、たまたま私自身にもビジネス投資への特性があったということで、数年間をかけてかなりの実績を出すことができたのです。

実績ができてくると、「今度、友だちを紹介するよ」という形で、彼が所属しているクローズドなコミュニティーに混ぜてもらうことができ、そこからどんどん人脈が広がり、珠玉の情報が入ってくるようになりました。

有象無象いる自称投資家にたくさん会って、たくさんだまされて、それでもその中にいるひと握りの本物を見つけて、時間をかけてなついていく。これには時間もお金もかかります。そのうえで相手の知識を教えてもらう。結果、それが自分に向いていないというパターンもあります。

「こんなに長い時間をかけて、こんなにお金をかけたのにダメだったな。自分は投資家に向いていないのかな」と思いながら、また別の投資家を探すということを繰り返していく。そして、たまたまうまくいったところで、その人が所属するクローズドなコミュニティーに紹介してもらえて、いまに至る。そんな感じなのです。

このように他力の方法も一筋縄ではいきません。これが真実です。厳しいです。

結局、どちらの道を選んでも失敗を重ねて成長していくしかないのです。

第5章　投資に回すお金を調達する方法

1　4つの方法の調達コストを比較する

「成功確率の高い投資案件あり」が前提

ここからは調達の話になります。

ただし、調達方法を説明する前に大前提があります。それは、この運用にお金を入れたら十中八九、お金が増えるという案件に出会う必要があります。そうでないと、恐くてお金を入れられないのです。

ある運用に100万円を入れます。10回中、1回か2回は100万円が200万円になるけれど、残りは100万円がゼロになってしまったり、50万円になってしまうのでは、恐くて投資なんてできません。

したがって、まずは成功確率の高い運用（投資案件）ありきなのです。

成功確率の高い運用があって初めて、それでは投資にまわすお金をどうやって仕入れようかという調達の話になります。

調達をすると必ずなんらかのコスト、すなわちお金を支払う必要があります。一見、お金を支払っていなさそうでも、その奥を追求していくとしっかりお金を払っています。

「運用利回り—調達コスト＝不労所得」なので、調達コストがあまりに大きくなると不労所得が得られません。

４つの調達方法のメリットとデメリット

調達とは、運用に回すお金をいかにして生み出してくるかです。具体的に、お医者さん・歯医者さんには４つの調達方法があります。

①肉体労働
②副業
③節税
④借金

１つ目は、肉体労働で投資にまわすお金を手元に残すということです。これはきわめてイメージしやすいでしょう。

２つ目は、本業ではない副業でお金を残すことです。最近流行っているのは、メディカルライティングや一般企業の顧問でしょう。

メディカルライティングとは医師監修の記事を書いたり、編集したりすることで報酬を受け取る仕事です。企業の顧問とは月額顧問料をもらって、企業に医学的なアドバイスをする仕事です。

３つ目は、節税により使えるお金を増やすことです。お医者さん・歯医者さんは高額納税者なので節税効果は大きいです。

４つ目は、借金で使えるお金を増やすことです。

以上の４つの方法には、それぞれメリットとデメリットがあります。

例えば、肉体労働や副業はロバート・キヨサキ氏のいう「Ｅ（従業員）」や「Ｓ（労働経営者）」でお金を手に入れる方法になります。つまり、時間とお金の綱引きであり、言うなれば、時間を売りさえすればある程度の収入を確保できるということです。

また、肉体労働や副業のマイナスポイントは税金がかなり取られることです。当直や土曜日の外来などの肉体労働は源泉徴収の対象になり、自分ではコントロールできない状況で先に税金を支払うことになります。つまり、額面と手取り額がかなり違ってきます。

額面で10万円と言われてても、手取りでは６万円にしかならないことも多々あります。

「いや、いや、副業の場合は経費が使えるんじゃないんですか」という人もいますが、それも程度の問題です。

メディカルライティングや企業の顧問を外注で受けていれば、確かに経費は使えます。しかし、１円も税金も納めないほど経費を申請できるかというと、そうではありません。あまり無理な節税をやり過ぎると脱税という判断をされて、あとで追徴課税を取られるなどイヤな思いをすることもあります。

大規模に副業をやっているとそれなりの納税が発生して、思いのほか手元にキャッシュは残らないという状態になりがちです。

結論として、肉体労働と副業は簡単に収入を増やすことができる反面、時間とお金の綱引きになったり、税金をコントロールしにくいという面でかなりきついと言えます。

節税は知識をいったん身につければ、長期間使えます。税法はそこまで頻回に大改正が行われないからです。

デメリットとしては、勉強せず適当にやると脱税になってしまう可能性があります。その場合は、あとで大きなペナルティーが発生します。

同時に、節税できるのはそれほど大きな金額ではないです。勤務医の先生で、いまはまったく節税していない、あるいはほんの少し節税している人がフルパワーで節税の勉強をしても、１年間で１００万円、せいぜい１５０万円の節税が可能になるというレベルです。何百万円も節税で手元に残すことは不可能です。

時折、節税自体が目的になってしまい、投資価値の低い新築区分マンションなどを購入している方を目撃しますが、節税によるメリットより資産価値低下のデメリットのほうが大きいので絶対にやめましょう。

「借金をして投資に回す」の意味

借金というと、「なにを言っているのか。調達で借金なんて、どういうことだ」と思う人もいるかもしれません。しかし、借金は投資に回す原資を獲得する方法として、きわめて重要な手段になります。

皆さんがイメージしやすいのが不動産でしょう。投資用不動産を買うために銀行から借金して、そのお金をもとに不動産物件を買って、ある程度の利益を生んでくれる。この場合、当然金利を払いますが、不動産がそれ以上の利益を生めば、結果としてプラスになる。これはまさに調達として借金を使っていることになります。

不動産以外でイメージしやすいのは、株の信用取引やFXのレバレッジをかけた取引です。本来100万円しか入金していないのに、例えば株だったら300万円分の株を買うことができます。100万円差額の200万円分を買うことができるのは、証券会社が貸してくれているからです。100万円入れられる人なので、200万円を新たに貸しても大丈夫でしょうと判断してくれています。そして、トータル300万円で自由に株を買ってくださいとなっています。

300万円を使うことができれば、100万円よりも3倍儲けることも可能になります。ただし、損するときには3倍損します。これが株の信用取引です。FXのレバレッジも同じようなことです。

つまり、意識はしていなくても借金をしていることになります。借金をして投資するというのは、よくある話なのです。

「運用利回り―調達コスト」が不労所得になります。この金額がプラスになっていれば、私たちは人生を変えることができます。ただし、マイナスになったら大変です。

運用利回りが1年間で50万円しかないのに、調達コストが１００万円かかっていると、マイナス50万円。これでは、やるだけ損です。そんなことは絶対にやってはいけません。

しかし、プラスになっていれば、借金であろうと調達の１つとして利用すべきです。

実際、私が投資でうまくいったのは、これらの調達方法をうまく利用できたからです。自分が「これだったらいける！」と判断した投資案件にドーンと大きなお金をつぎ込みました。自分の預金しか使えなければ預金額が限界になりますが、４つの方法を駆使して、自分が運用できるお金をふくらませて入れてきました。その結果、調達金額に見合った不労所得が生まれたのです。

肉体労働が一番調達コストが大きい理由

調達方法は4種類ありますが、私たちが重視しなければいけないのは調達コストです。この視点からどの調達方法を採用したらいいかを検討する必要があります。

実は、一番調達コストがかかっているのは肉体労働です。普通の人は「えっ、肉体労働にコストなんてかかってないじゃない」と思うかもしれません。「自分が働いて給料をもらって、そのお金を投資に回す。だから調達コストはゼロ」と考える人もいるでしょう。

お医者さん・歯医者さんはもともと収入が多いので、そこにプラスして肉体労働をする、あるいは副業で事業所得や雑所得を得ていると、税金がかなりかかります。

税金とは肉体労働にとっての調達コストと考えてください。なぜなら、そのお金を使えるようにするために事前に払い込んでいるお金だからです。

例えば、お医者さんなら1日10万円のアルバイトはよくあります。しかし、ベースでもらっている給料が高いので、副業でプラス10万円を稼ぐと4万円が税金で引かれて、手元には6万円しか残らないということが普通にあります。

この場合、運用に回す6万円を手に入れるのに4万円のコストを払っているのと同じことになります。6万円を手にするためには4万円を払わなければいけないのなら、この4万円は調達コストです。このように調達コストがかなり大きくなります。

一方、節税に調達コストはありません。知恵を振り絞る必要はありますが、別に節税するために税金を払っているわけではありません。節税は調達コストゼロなので絶対に行ったほうがいいです。

ただし、節税目的で不動産を買ったり、4年落ちの中古車を買ったりするのはダメです。一瞬は節税できても、出口部分で大きな損を被ったり、結局納税が発生したりして本末転倒になってしまいます。

す。

肉体労働より借金のほうが調達コストは圧倒的に安い

借金の場合はどうなるのか。借金の調達コストは、肉体労働の調達コストよりはるかに安いので

肉体労働と借金を対比しながら説明しましょう。

借金の例です。お医者さん・歯医者さんが１５００万円を借りることができたとします。この借金に対する1年間の金利は銀行から何パーセントを求められると思いますか。

だいたい2パーセントが、お医者さん・歯医者さんの相場です。

１５００万円を借りてきました。金利として毎年2パーセント、年間30万円を払えば、ずっと借り続けることができます。つまり、１５００万円の運用原資を手に入れるのに、1年間にかかる調達コストはわずか30万円。３年間払い続けたとしても90万円という計算になります（イメージしやすいように借金形式として当座貸越しを想定しています。当座貸越しとは元本返済がないものとなります）。

１５００万円を3年間自由に使わせてもらっても、銀行に払う調達コストは90万円です。

一方、肉体労働だとどうでしょうか。1年間で１５００万円分の肉体労働をしたとします。そうすると、概算ですが１５００万円のうち５００万円ぐらいは税金や社会保障費で取られます。残りは１０００万円ですが、フルに投資に回せるかといえば、そんなことはありません。自分の生活費

が必要です。

年収１５００万円のお医者さんであれば、安く見積もっても年間５００万円ぐらいの生活費はかかるでしょう。結局、最後に残った５００万円を預金することができます。

見方を変えると、１５００万円分の肉体労働をしました。５００万円は納税、５００万円が生活費、自由に使えるお金は５００万円となると、５００万円の運用原資を手に入れるために５００万円のコストを払っていると考えられます。

借金だったら、１５００万円借りてきて年間30万円払うと、１５００万円はいつでも投資に回すことができます。

一方、肉体労働で１５００万円稼ごうと思うと、運用に回せるお金は切り詰めても1年で５００万円しか残らない。しかも、この５００万円を得るためには５００万円の納税がなされています。つまり、金額的には1対1です。

これを3年間頑張って続けると１５００万円の預金ができます。そして、やっと１５００万円が運用できるようになるのです。

３年間で払った調達コスト、すなわち税金は毎年５００万円払っていますから合計で１５００万円。３年間で１５００万円の調達コストを払って、やっと１５００万円運用できる状態になりました。

片や、１５００万円借りてきました。３年間金利を払い続けました。90万円です。差額はいくらになりますか。ものすごい金額だと思いませんか？

１５００万円と90万円、全然違います。どちらが調達コストが安いかと言われたら、借金のほうが圧倒的に安いことは一目瞭然でしょう。

最後に、もし仮に本業の肉体労働以外にプラスで１５００万円を稼げていた場合はどうでしょうか？　結論は同じです。なぜなら、プラスで稼いだ１５００万円は税金として７００万円程度は支払う必要があり、結局８００万円程度しか残らないからです。

絶対公式は「運用利回り―調達コスト＝不労所得」なので、調達コストが低ければ低いほどありがたいのです。

４つの調達方法の中で、節税は調達コストがゼロなので最優先でやるべきですが、節税をやり終わった人たちは、どうやってお金を手に入ればいいのか。

私自身はこのロジックが身に染みているので、ガンガン借金をさせてもらって運用にまわす方法をとっています。

借金は指数関数のメリットを最大限享受できる

以上の説明で、なるほどと納得できたと思いますが、もう１つ大事なことがあります。

運用して複利で回していくときに指数関数の話をしました。複利で回すと一次関数ではなく指数関数で動くから大きなメリットがあるという説明です。

この指数関数のメリットを最大限で受けるには、大きいお金でエントリーすることと、なるべく早くからエントリーすることの2つが重要だという話もしました。

調達にこの話を当てはめると、肉体労働で年収1500万円という人、この人は確かに毎年500万円を預金できるかもしれませんが、1年目500万円、2年目500万円、3年目500万円をそれぞれ使って、トータルで1500万円の運用が可能になります。

一方、借金の場合は借りたその瞬間から1500万円を自由に使えます。したがって、時間的なスピード感覚がまったく違います。

借りた瞬間から1500万円、片や肉体労働を始めて1年後にやっと500万円、3年頑張ってトータルで1500万円になりました……その差はとても大きいのです。

借金というのは、このようにとても使い勝手のいい武器なのです。それなのに、借金は悪いものだとか、借金なんかして投資に回すなんてとんでもないと思っていると、この武器を有効活用することができません。

4種類あるうち、自分はどの調達方法を選んで絶対公式を満たしていくのか。あなたがお金持ちになるにはいくらの不労所得が必要か、から逆算して選択してください。

２　「借金＝悪」という思い込みからの脱却

「投資のための借金」とは

「借金はとても使い勝手のいい武器」という話、いかがですか。

理解できたけれども、借金＝悪というイメージが染みついていて、「本当に借金なんかしてもいいのか」と不安を感じる人が多いかもしれません。

借金をよいものと思うのは、なかなか難しいのが現実ではないでしょうか。なぜなら、日本では借金＝悪という教育がなされ、そうした思い込みが根強くあるからです。

ある程度ビジネスをやっている人であれば、借金にはいいも悪いもないということがわかるのですが、『会社四季報』などでも、いまだに自己資本比率を重視する解説を目にします。つまり、借金をしている会社は悪い会社で、自己資本だけでやっている会社がよい会社というのです。

そうした現実を考えると、イメージを変えることは難しいかもしれませんが、本書でその常識を変えることができればと思います。

また、「借金をして運用に回すということはわかったけれど、どうやって借金をすればいいのか」という、根本的な疑問を感じる方もいるでしょう。

不動産を買うときにローンを組むという借金なら想像の範囲内でしょうが、投資のための借金と言われても、どうしたらいいのかわからない人も多いと思います。

人から直接お金を借りることはダメ

そこで、借金とはどのようなものか総論的な説明をします。

まず、借金には2種類あります。経済の勉強をしたことのある人は懐かしく思い出すかもしれませんが、「直接金融」と「間接金融」という2つの金融システムがあります。

直接金融とは、金融機関を介さずに直接お金のやり取りをする方法です。

知り合いから「今月、生活費が10万円足りないので10万円貸してほしい。再来月には11万円にして返すから貸してください」と言われたとき、「私も苦しいけど貸します。再来月にちゃんと11万円を返しくださいよ」と言って貸したとします。

これが直接金融になります。

間接金融とは、金融機関を介してお金を貸したり借りたりすることです。

Aさんが銀行に10万円を預けます。Aさんは預けたお礼として金額は小さいですが、銀行から金利を受け取ることができます。Bさんが銀行に行って「10万円貸してください」と言うと「わかりました。10万円貸します。その代わり金利を払ってください」と言われます。Bさんは銀行から

10万円を借りて、銀行に金利を払います。

このとき、Aさん・Bさん・銀行という三者が介在する三角の関係でお金が動いていますが、本質的には直接金融と変わりません。ただし、Aさんが銀行に預けたお金をBさんが銀行から借り受けるという点に違いがあります。そして、銀行は金利差によって儲かる仕組みになっています。これが間接金融です。

このようにお金を借りる方法は２つありますが、一般的に借金というと前者の直接金融をイメージするでしょう。

実際、こうしたお金のやり取りはトラブルの元になります。お金を貸してもらったのに約束どおりに返さないと人間関係が傷つき、「あの人にだまされた」と大きなトラブルに発展する可能性があります。

したがって、人から直接お金を借りてくることはやめてください。

一方、間接金融で金融機関からお金を借りるパターンは物事がスムーズに進みます。なぜなら、決められたルールに則ってお金を貸してもらうのでトラブルが起きにくいからです。したがって、私は間接金融をおすすめしています。

最悪の事態として約束通りにお金が返せなくなってしまっても、金融機関からの借入であれば返済方法の見直し（リスケジューリング）により最も実現可能な返済に再調整してくれます。

銀行の住宅ローンをイメージしてください

借金する方法として、一番わかりやすいのが家を買うときの銀行ローンでしょう。あるいは、車を買うときにカーローンを組む。これもイメージしやすいでしょう。留学したいのでお金を借りる、子どもの教育費を教育ローンとして銀行から借りるというパターンもあります。開業医の先生であれば、クリニックを立ち上げるための創業資金を銀行から借りることもあります。

少し特殊なお金の借り方に、生命保険の契約者貸付があります。これは積み立て型の生命保険に入っている人は積み立て金の一部が自分の預金みたいな形で残っていき、途中で解約しても、しかるべき金額が返ってくる仕組みになっています。解約で返ってくるお金を解約返戻金と言います。契約者貸付では、解約返戻金の90パーセントを、金利を払うことで生命保険会社が貸してくれます。このように生命保険を利用したお金の借り方もあります。

さまざまな方法でお金を借りて、それを運用にまわす。これができれば、お金がうまくまわるようになります。

日本で短期間でお金持ちになっている人は、調達が非常に上手です。特に金融機関との関係性が非常に良好になっており、ある意味銀行が自分の財布のようになっています。これは投資の世界に限った話ではなく、ビジネスで成功している人にも共通して言えることです。

３　バランスシートで調達コストを考える

肉体労働で調達した場合、税金はコストになる

もう一度、バランスシートを使って調達の詳しい説明をします（図表９参照）。

45歳の勤務医、A先生がいます。現在、年収１５００万円のうち５００万円を税金（社会保険料を含む）で納めています。５００万円は生活費で、毎年５００万円が預金できるという経済状況になっています。

このA先生が2年間頑張って預金して、調達の部と言われる右下側の純資産に１０００万円あります。

今回の調達コストは税金なので、この１０００万円を手に入れるための調達コストは１０００万円になります。つまり、２年間で１０００万円納税して、１０００万円を手にすることができました。

次は資産の部です。１０００万円がどのように使われているでしょうか。

この人はイケイケの投資家なのでしょうね。株で５００万円、債券で５００万円を持っています。現金は残っていません。預金残高はゼロです。

イケイケ投資のおかげで、株は年間４パーセントの配当を出すことができ、債券は年間２パーセ

【図表９　バランスシート①】

運用の部			調達の部		コスト
資産の部			負債の部		金利
利回り	内訳	金額	内訳	金額	
4%	株	500万円			
2%	債券	500万円			
			純資産の部		税金
			内訳	金額	
			肉体労働で稼いだお金	1,000万円	1,000万円

《解説》

調達には必ずコストが発生する。

世間では、負債か純資産か、を気にしている人が極めて多いが、本書ではコストを一番気にしている。

ントの配当を出すことができました。

運用を開始した1年後、どのような配当を得ることができたか（図表10参照）。

配当は株から20万円、債券は10万円になります。１年後、合わせて30万円を不労所得として手にすることができます。

実際には30万円の満額を手にすることはできず、ここにも税金という調達コストがかかります。分離課税と呼ばれる税金で、約20パーセントが取られます。30万円のうち20パーセントは税金として納める必要があり、24万円が手元に残ります。

つまり、24万円を使えるようにするのに６万円の調達コストを払ったことになります。

この先生は肉体労働で頑張っているので、１年後には追加で５００万円の預金がたまっているはずです。ただし、この５００万円を貯めるためのコストとして、また５００万円納税しています。５００万円の調達コストを払うことで、さらに５００万円が運用できるようになりました。

バランスシートが下へと伸びていく

さて、配当で手にした24万円を合わせた５２４万円をどうしますか。

現預金はゼロのままにして新たに別の株を５２４万円分買ったとします。

そして、この株が３パーセントの利回りを出せたとすると、１年後に何が起こるか。ここから３

パーセントのお金が生まれます。つまり、500万円の株、500万円の債券、524万円の株から生まれる不労所得の合計が新たに純資産に組み込まれます。ただし、20パーセントを税金で払って80パーセントが手元に残って使えるお金になります。

こうしてバランスシートが下へ下へと伸びていきます。バランスシートが下に伸びていくということは、資産がどんどん増えていき、不労所得が増えていくということです。

そして不労所得が自分の生活費を超えたら、お金持ち達成です。

借金には大きなメリットがある

ここまでの説明で気づいたと思いますが、肉体労働でお金を調達することは調達コストが非常に高いのです。1000万円を手に入れるのに1000万円の調達コストがかかるわけですから。

一方、配当のほうは24万円に対して6万円の調達コストです。1対1と1対4、どちらが安いか、おわかりでしょう。肉体労働ではなく、株などのように分離課税で得られる収入は調達コストが安く済みます。

ところが、さらに安い調達コストがあります。それは何か。バランスシート右上側の負債、すなわち借金です。

A先生が銀行に「1500万円貸してください」と頼んで、銀行が「いいですよ」と言ったら、

【図表 10　バランスシート②】

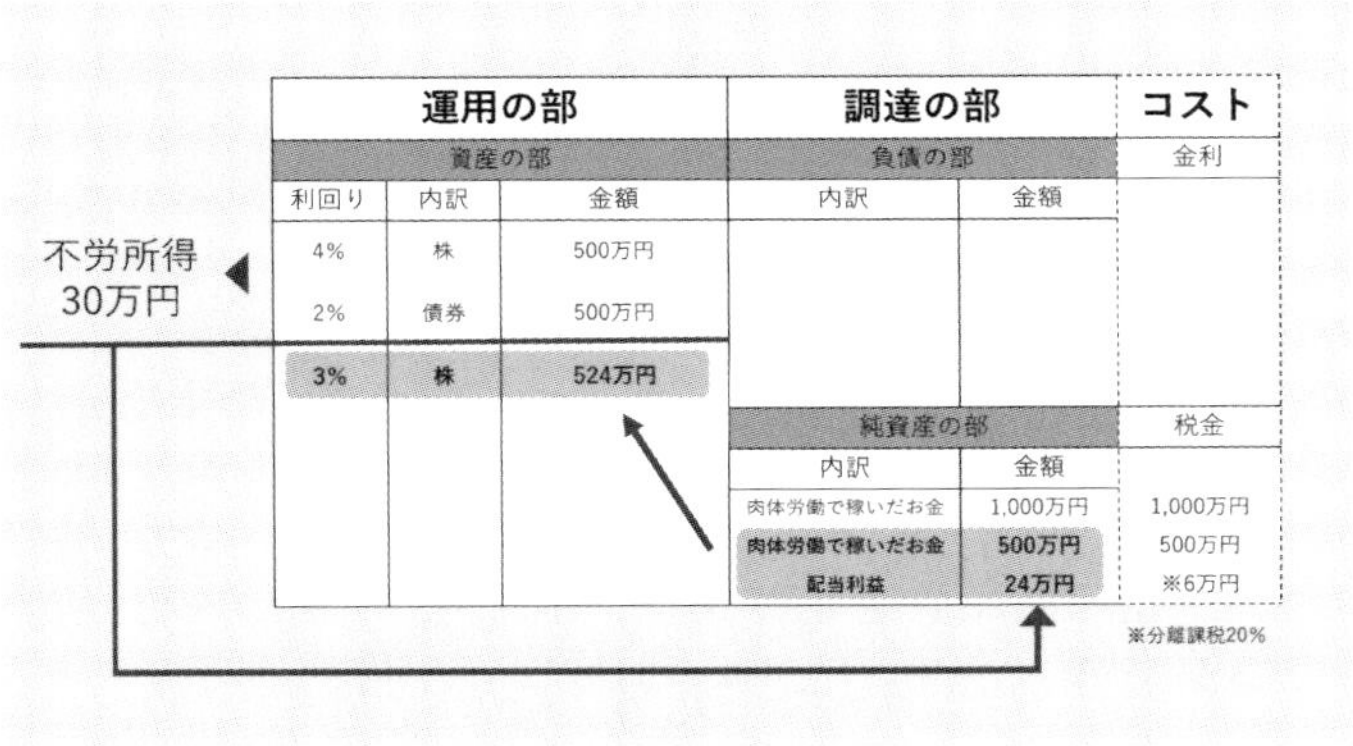

運用の部			調達の部		コスト
資産の部			負債の部		金利
利回り	内訳	金額	内訳	金額	
4%	株	500万円			
2%	債券	500万円			
3%	**株**	**524万円**	純資産の部		税金
			内訳	金額	
			肉体労働で稼いだお金	1,000万円	1,000万円
			肉体労働で稼いだお金	**500万円**	500万円
			配当利益	**24万円**	※6万円

30万円

※分離課税20%

《解説》
自分に合った調達を行い、それを再投資に回す。
その結果、新たな不労所得が生まれ、不労所得から税金を除いた分が純資産に追加され、また再投資に回る。
時間とお金の自由を得る極意は、これだけである。

負債のところに借金という形で1500万円が書かれます。

これを手に入れるための調達コストを金利2パーセントとします。年間30万円の手数料を払えば、1年間、1500万円を自由に使うことができます。負債を増やした場合の調達コストは金利になります。したがって、1対50です。

1対1と1対4だったのが1対50、ものすごく安くなりました。しかも運用できる金額が一気に増えます。

この1500万円で何を買うのか。例えば不動産とします。この不動産が実質利回り3パーセントの物件だとすると、ここから3パーセント分の不労所得が積み上がっていきます。そして、その金額がまた純資産に組み込まれて、どんどんバランスシートが下に伸びていく……。

借金とは、調達コストが安いという点と、一発で大きい金額を借りることができて、しかもすぐ運用に回せるという点で、大きなメリットがあります。

さらにすごいのは、借金とは1回限りでなく、テクニックをしっかり身につければ何回も借りることができます。なぜなら、融資の基準に自己資本比率というものがあるからです。自己資本比率がある程度に保たれていれば、追加で借金をすることが可能になります。

銀行は、調達の部で集まっているお金の総額のうち、借金で構成されている部分がどれだけあるかを重視します。あまりにも借金が多いと「けっこう借金まみれですね。これ以上の借金はちょっと難しい」となります。

しかし、全体の中の借金割合が小さければ「まだ十分に純資産があるので、もう少し借金しても大丈夫ですね」と評価してくれます。

自己資本比率というのは、負債と純資産の合計のうち純資産がどれだけあるか、を表しています。借金して１５００万円をドーンと入れると、純資産は１５００万円、負債が１５００万円と1対1で、自己資本比率は50パーセントとなります。50パーセントがこれ以上借りられない状態と仮定しても、運用することで純資産にどんどん追加のお金が入ってきます。

すると純資産がふくらむので、自己資本比率がよくなっていきます。60パーセントや70パーセントになると、銀行から「追加で５００万円貸しましょうか」という話がきたりします。

小さい楕円が大きい楕円に変わっていく

このように自己資本比率が上がってくると借り増すことができ、とても安い金利で大きいお金を借りられるようになります。つまり、バランスシートがすごい勢いで下に伸びていき、新たに生まれた不労所得がまた純資産に組み込まれます。そして自己資本比率が増えたことにより、また借り増すことができます。

このようにバランスシートをグルグル回すことで、初めは小さい楕円だったのにどんどん大きい楕円に変わっていきます。

これが不労所得を積み上げていくことの根幹です。これが可能になると、いずれ不労所得が月々の支出を超えるはずです。

以上の説明からも、肉体労働が一番調達コストがかかっていることを納得できるでしょう。配当関係の分離課税もいいのですが、それでも20パーセント取られます。銀行からの融資に比べると雲泥の差です。

忘れてはいけないのは指数関数、複利で回すこと。

一次関数ではなくて指数関数で動かすために気をつけるべきポイントは、①なるべく早く運用を開始すること、②なるべく大きい金額で運用することなので、なるべく早く、大きい金額が手に入る方法を選ぶべきです。

肉体労働だと1000万円に2年かかりますが、借金なら1～3か月で1000万円を借金できるかもしれません。スピード感覚がまるで違うのです。

いかがだったでしょうか。借金に対するイメージが変わったのではないでしょうか。多くの人が借金なんかしないに越したことはないと思っています。しかし、一部の投資家や起業家は借金万歳という考え方をしています。この感覚の違いが現実世界を変化させるスピード感の違いに直結していると私は思っています。次章ではさらに借金について掘り下げていきたいと思います。

第6章　それでも「借金は恐い」という人へ

1　借金を返せなくなったとき、あなたはどうなる？

借金で投資して失敗してしまっても「返せばいいじゃない」

借金による調達は大金を一気に借りることができ、不労所得を増やす近道になります。そう説明しても、「もし運用が失敗したらと思うと、とても不安。どれだけ働いて返せばいいのだろう。運用が失敗しないという保証もないし、やっぱり恐い」などの不安を感じるかもしれません。

調達の説明の大前提として、「この運用だったら失敗しない」という運用を見つけないと調達が威力を発揮しないと書きました。リスクの高い運用に調達してきたお金を入れることは、破綻を招くだけです。

実際、５０００万円を借りて行った投資が失敗して1円も返ってこない、場合によっては詐欺でだまされて持ち逃げされることもあるかもしれません。

ただ、私に言わせれば、それが実際に起きたとしても、お医者さん・歯医者さんなら「(借金を)返せばいいじゃない」と本気で思っています。

私は自治医大の借金３８００万円を7年間で完済しています。その経験から借金があったとしても日常生活がさほど変化しないという事実を知っています。次項で詳しく説明していきましょう。

５０００万円の借金で、あなたの日常生活はどう変わりますか？

５０００万円を借りて運用に回して、詐欺にあって持ち逃げされて1円も返ってこない状態になったとします。そのときは５０００万円の借金だけが残ります。そうなると、日常生活はどう変わりますか？

生活できなくなるという不安を感じるかもしれません。それでは、借金が５０００万円あることで、あなたの人生がとてつもなく不幸になりますか。死なければいけない状態に追い詰められると思いますか。

日本ではよほど危ないところからお金を借りないかぎり殺されることはありません。私は銀行から借りるという話をしています。銀行があなたを殺しに来ることはありません、つまり、借金の破綻で死ぬことはあり得ないのです。

それでは、死なない以外で最悪の状況とはなんでしょうか。

借りた相手は銀行です。サラ金やヤクザではありません。肉体労働で返す場合、その人が生活できる金額はある程度残してくれます。身ぐるみはがされて、稼いだ全額を借金の返済で取り立てられる。財布に1円もない状態で1か月過ごさなければいけない……。そんな状況にはなりません。

１５００万円の年収で生活していたお医者さん・歯医者さんなら、５００万円は税金等で引かれます。自分の生活費がもともと５００万円かかっていたところを３５０万円ぐらいに切り詰めたとします。しかし、これをゼロにする必要はありません。

あなたが生きていかないとお金を返せませんから、最低限生きていくお金は残してもらえます。残りの650万円を銀行に返していくことになります。

この生活をどう思いますか。苦しくて大変、死んだほうがマシだと思いますか。

いままで働いていた状況と、どれだけ違いがあるか考えてみてください。

確かに精神的な問題はあるでしょう。借金を背負っている、投資でお金を溶かしてしまったという負い目もあるかもしれません。しかし、冷静に考えたとき、借金する前の生活とあまり変わらないと思いませんか。

生活水準が少し下がっていますが、極論してしまえば、投資をしていない〝いまこの瞬間〟と大差ないはずです。逆にいえば、今のあなたの生活は、借金まみれになったときとあまり変わらないということです。つまり、投資をしていない今は底辺に近いと言い換えることもできます。

銀行はあなたが返せなくなるリスクを織り込み済み

私のこの教えが心に刺さって、借金して投資にチャレンジしたとします。

その際、「もしうまくいかなかったら」と考えるかもしれませんが、その一方で、うまくいったら、あなたの人生はどうなりますか。劇的に変わるはずです。

それでは、うまくいかなかったときとうまくいったとき、人生の振れ幅はどうなりますか。つまり、今が０の状態で、投資がうまくいったら１００、失敗したらマイナス１００になると考えていますか？

決してそんなことはありません。なぜなら、借金まみれになってしまっても運用をしていない〝今〟とあまり変わらないか、生活レベルが少し下がるだけです。

うまくいったときの勝ちの振れ幅と、うまくいかなかったときの負けの振れ幅を比べると、うまくいったときのほうが圧倒的に大きいのです。今がマイナス８０の状態で、投資がうまくいったら１００、失敗したらマイナス１００、というイメージです。それなら、やらなければ損。私はそう考えています。

多くの人から不安の声を耳にしますが、知らないから恐怖が先行するだけです。借金を背負ったら死ななきゃいけない、十分な生活を送れない、子どもを学校に行かせることができないなどと思うのです。日本では、そんなことは起こりません。

銀行からお金を借りるのです。銀行にとってお金を貸すことは投資行為です。返せなくなることもあるというリスクを織り込んでお金を貸しています。「あなたから返してもらわないとうちはやっていけないので、死んでも返せ」などとは決して言いません。

もちろん、逃げまわるのはよくありませんから「約束どおりには返せないけれど、もう一度約束を再構築してくれれば、人生をかけてその約束どおりにお金を返します。10年で返すという約束でしたが、10年では返せないので20年にしてください。

いまの肉体労働のペースだったら、毎月この金額は返せるけれど、これ以上だと生活を脅かしてしまう。体調を崩して返せなくなったら、あなたがたも困るでしょう。私も返したいのです。それができるいいバランスを見つけさせてください」

そうお願いすれば、銀行もＯＫしてくれます。

最悪の場合は自己破産という選択肢もあり

開業や起業でお金を借りたり、自分なりの投資案件に全力で向き合った結果、倒産したり、一文無しになってお金を返せなくなったら、最悪の場合は自己破産という選択肢もあります。これで借金したお金は帳消しになります。

もちろん、借金の仕方によっては自己破産が認められないこともありますし、自己破産にはペナルティーがあります。しかし、それほど大したペナルティーではありません。

私にも自己破産した知り合いがいます。その人たちは普通に生活しています。医師免許を取られることもありません。

自己破産して、雇われ院長で年収２０００万円という人もいます。普通に生活していますが、自己破産をして借金を踏み倒したとも言えます。でも、国が認めた制度なのです。

私が言いたいのは、知らないがために自分の中で妄想がふくらんで自分の行動を縛ってしまうことがある、ということです。「自己破産したらどうなってしまうのだろう。世間からどう見られるだろう」という妄想で自分を縛っていき、どんどん狭い世界に閉じこもってしまいます。

日本人には、借金は恐いという精神が植えつけられています。

借金は悪、投資はギャンブル、投資はうさんくさい、どうせ詐欺に違いない。もしくは、肉体労働で稼ぐことが正義、不労所得なんてそんな汚いお金のつくり方は許されない……。

また、医者は患者のために自分の命を使うべきだ、などの見えない鎖に縛られています。

見えない鎖を解きほぐしていく、知らないことを知っている状態に変えていく。これがリテラシーを上げるということです。

皆さんも自分に巻きついた見えない鎖を外していってください。

2　見えない鎖を外してリテラシーを上げていく

「サーカスの象」から見えない鎖を考える

見えない鎖に関して、有名な逸話を使って説明を続けます。

皆さんは「サーカスの象」という話をご存知ですか？　初めて聞く人も多いかもしれません。

サーカスに飼われている象に、どんな印象を持っていますか。比較的穏やかなイメージではないでしょうか。しかし、実際の象は動物界では凶暴な生き物とされています。

図体がデカいし、わりと速く走ることができます。普段はゆっくり動いていますが、本気になって攻撃されると人間など一瞬でやられてしまいます。１対１で象に勝てる陸上動物は少ないそうです。

そうした事実があるにも関わらず、私たちはサーカスや動物園の象に愛くるしい、おっとりしてかわいいという印象を持っています。

それはなぜでしょうか。

野生の象は気性が荒く、相手を倒そうと走ってきて足で潰したり、敵を鼻で持ち上げて地面に叩きつけたりします。ときには鼻で車を横転させることもあります。そうした光景をテレビなどのドキュメンタリー番組で見たことのある人もいるでしょう。

本来そうした気質を持っている象を、どうしたらサーカスの象みたいにかわいらしく、芸達者にできるのでしょうか。それは人間が象を、見えない鎖で縛っているからです。

野生の気性の荒い象をサーカスに連れてくると、まずは象の足を鉄の支柱と鉄の鎖でつなぎます。人間でいえば手錠のようなものです。

支柱はしっかりしているので、象が暴れても鎖が外れることはありません。象はその鎖の長さでしか動くことができません。最初は暴れますが、逃げられません。逃げられないことがわかってくると、鎖の範囲内で支柱を中心にグルグル円を描いて動くようになります。

この時点で、次の調教が始まります。人間の命令を聞かなかったら、ムチで叩くという罰を与えるのです。逆に、言うことを聞くとエサを与えてほめます。

これが続くと、象も少しずつ学習していきます。「これをやったら痛い目にあう。でも、これをやったらご褒美をもらえる」と次第にわかってきて、人間の言うことを聞くようになるのです。

ここまでくると最終段階です、足の鎖を外します。これで象は、物理的にはどこへでも行くことができます。もちろん、逃げ出すこともできます。

ところが、その頃にはすでに逃げようという意識が象の中にはなくなっています。それよりも、よいことをしたらエサがもらえて、ぬくぬくと生活ができることが身についているのです。人間の命令に背くと痛いことをされるので、言うことを聞こう、という考え方になってしまうのです。

象は鎖があった状態で動くことのできた範囲が、動いても許される範囲だと認知しています。鎖などなくても、その範囲でしか動かず、脱走もしません。

こうして凶暴だった象を段階的に調教して、逃げるという発想さえなくさせるのです。鎖などないのに、鎖があるのと同じように見えない鎖で縛っています。

日本の義務教育は「サーカスの象」と同じ

実は、人間にも同じようなことが行われています。あくまでも私の意見ですが、象の調教にあたるのが義務教育だと考えています。

日本の義務教育では、授業が始まるときに「起立、礼、着席」と号令を行い、指示に従って全員が同じ行動を取ります。この指示に従わないものは罰せられます。

授業の最中にトイレに行くのはクラスの調和を乱すので、休み時間のうちに済ませておかなかったことを怒られたりします。

体育の授業では集団行動があり「前にならえ」という号令とともに全員が一斉に同じ行動をとります。

このように周りの人と同じ行動をするのがよいことと植えつけられていきます。前にならわないと異端児で、調和を乱すということで処罰の対象になります。

最近は少し変わってきているかもしれませんが、私が育ったのはそんな時代でした。私は、これらを見えない鎖を巻きつけられているのと同じだと考えています。

人には多様性があり、勉強が得意の人もいれば、運動が得意な人もいます。絵が得意な人もいます。そうした多様性があるのだから、自分の好きなところに徹底的にフォーカスすれば、自分の人生を楽しく生きていくこともできるはずです。

しかし、そんなことを国民に認めると、国民は国の言うことを聞かなくなります。すなわち、国民を制御しにくいのです。

国民がみんな私みたいな考えを持っていると、国はとっても苦労するでしょう。それでは、どうするのか。国民を若いうちから見えない鎖でガチガチに縛るのです。

言い方を換えると、ある意味、洗脳なのかもしれません。義務教育でさまざまなルールを刷り込んでガチガチに縛るわけですから。

前にならえと言われたら、前にならうのが日本人だぞ。人と違う行動をするんじゃないぞ。そんなやつは廊下に立たされたり、いじめの対象になったりする。一様の国民性じゃないといけない……というように徹底的に植えつけられるのです。

小学校６年間と中学校３年間、義務教育ではありませんが、高校の３年間も同じような教育がなされます。最低でも12年間、大学の４年間も入ると16年間になります。医学部・歯学部は６年なので、トータルで18年間、そうした教育を受け続けるのです。

お医者さん・歯医者さんには、さらに研修医や医局、専門医課程など、さまざまなしがらみがあります。「医者・歯医者はこうでなければいけない」と徹底的にまわりから植えつけられていきます。

それが戦後から、ずっと積み重ねられてきました。家庭でも親から「こうでなければいけない。学校でも習ったでしょう」と見えない鎖を植えつけられます。

医師・歯科医師はがんじがらめに縛られている

「医者は素晴らしい職業だ。患者さんのために骨身を削って尽くしてあげるのが医者としての使命だ。自分の家庭を優先するのは医者としてはダメ。医者がお金儲けに走るなんて許されない」

そうしたことを、ずっと言われ続けます。「本当にそうなのかな」と疑問に持つことがないように調教されているのです。

義務教育が終わり、「さあ、社会に出なさい」と言われて鎖を外されているのに、見えない鎖によってすでにガチガチにされているので、マインドは調教されたままです。

足の鎖は外されて、物理的には自由に動くことができます。自分らしく生きることもできます。しかし、もはやそういう風には思えないほど見えない鎖は強烈に私たちに巻きついているのです。

お医者さんであれば、医局から外れて好きなように医者をやるとか、人によってはお金を稼ぐことが好きなので医者としてお金を儲ける、そんな人生も素晴らしいです。それらは決して悪いことではありません。

「患者さんにも喜んでもらうのは大前提だけど、その上で一番お金が儲かる医療がこれなので、私はこれをやっています」と言う先生がいても、全然問題はないはずです。

それなのに、医者のあいだでは「あいつは医学から逃げた」「金儲けに走った汚い医者だ」、土日には出勤する必要ない当番制が採用されていても「あいつは土日に病院に来ない。自分の患者に責任を持たない、ずぼらな医者だ」などと言われたりします。

その結果、本当はこんな働き方を望んでいないのに、まわりの風潮に従わないと人の目もあるからと言いながら、毎日を苦しく生きているお医者さん・歯医者さんが沢山いるのです。

お医者さん・歯医者さんは本当にしがらみだらけです。研修医、専門医課程、あるいは医局……ガンガンに縛られています。普通の人たちよりもがんじがらめにされています。

これを1つひとつほどいていかないと、自分にとって本当に後悔のない人生を歩むことはできません。このことを皆さんにも知ってほしいのです。

実際、冷静に考えてみるとそうではありませんか？

もちろん、義務教育にはよいところもたくさんあります。ただし、いまここで私が書いたような見方があることも覚えておいてください。

人から言われるとハッと気づくのですが、言われないとあまりにも当たり前すぎて気づけないことが、日本にはいっぱいあります。

借金＝悪、も見えない鎖なのです。

ここまで読んでくださった方であれば、借金をすべて悪だと表現するのはおかしいと気がついたと思います。でも、なぜそのような先入観を植え付けられているのでしょうか。次項で詳しく説明していきましょう。

3 「借金は悪」という洗脳が植えつけられる理由

借金は本当に悪いものなのか？

見えない鎖を解きほぐしていくのはとても大切なことですし、また、知らないことを知っていくこと、いままで自分たちが認知していなかった事実をちゃんと知っていくことも重要になります。

そこで、借金というものについて改めて説明していきます。

多くの日本人が「借金は悪いもの」と誰かから植えつけられています。これは明確に誰かということではないのですが、お父さんお母さんから、あるいは学校の先生がそう言っていたとか、社会に出ると同僚や先輩がなんとなく言っているからということで、ある意味、洗脳のように「借金は恐い」「投資はギャンブル、悪だ」というイメージが少しずつ染みついていくのです。

借金って、本当にそんなに悪いものなのでしょうか。これを解きほぐしていきましょう。

日本政府と日本銀行（日銀）は厳密には別の組織ですが、この両者は同じ1つの統合政府と、ここでは考えます。さて、彼らも本当に借金＝悪と考えているのでしょうか。そして、国民には借金なんてしてほしくないと思っているのでしょうか。

仮にそうだとすると、世の中はとてもシンプルです。政府が国民にはこう思ってほしいということを植えつけていき、国民がそのように洗脳されているわけですから。

しかし、実際の世の中は複雑にできています(次のことはあくまで私見ですのでご注意ください)。日本政府は多くの国民には借金は悪いもの、借金は恐い、借金なんかするのはろくな人間じゃないと思ってほしいと考えています。一方で、借金はよいものだと考えて借金をうまく使いこなせる人間も、ごく一部でいいのでいてほしいとも考えているのです。

「政府の借金は国民の借金」は真っ赤なウソ

もう少し詳しく説明しましょう。

そもそも日本の市場に溢れている1万円札（お金という意味です）は、日本政府が日銀から借金することで市場にばらまかれています。

あなたの財布に入っている1万円は、日本政府が借金したお金がまわりまわって、あなたの財布に入っているのです。これが真実であるというのは少し調べれば誰でもわかることなので、ウソだと思った方はぜひご自分でも調べてみてください。

さて、前記が真実だとすると、もうすでに矛盾が発生します。借金＝悪であれば、日本政府は悪人ということになってしまいます。借金は本当に悪なんでしょうか。実は、このロジックをうまく使った国民の洗脳方法が存在します。

政府の借金＝国民の借金というロジックです。日本政府にはいま約1200兆円の借金があります。借金の大部分は政府が日銀から借りているお金です。

日本政府とはある意味、日本国民の両親、お父さんお母さんにあたる存在なので、政府の借金はその子どもたちである国民の借金と同義となります。そして、借金を総人口で割ると国民1人当たり1000万円ぐらいの借金を背負っていることになります。

そこで政府はこう言います。

「この膨大な借金を国民の皆さんの力で返していきましょう。その返す手段として増税という形で税金を政府に吸い上げて、借金返済にあてさせてください。それがイヤだと言われると、借金はあなたたちの子どもや孫に引き継がれて、どんどん増えていきますよ。

子どもや孫たちに、そんなつらい思いを背負わせるのですか。イヤでしょう。だから、ここは我々の世代が踏ん張って、我慢して、申し訳ないのですが、税金という形で政府に吸い上げさせてください。税金で借金を返済して、なるべく借金が少なくなるようにしていきましょう」

このようなロジックを聞いたことのある人も多いかと思います。つまり、借金＝悪なので、その状態を一刻も早く脱したい。国民の皆さま、どうか手伝ってください、というわけです。

これは真っ赤なウソです。政府は国民を洗脳するためにウソをついています。ぜひ皆さんも「現代貨幣理論（ＭＭＴ）」を調べてみてください。前記がウソだということがよくわかります。

政府は国民生活を豊かにするための政策を行う

政府の借金を国民が背負わなければいけないという考えがウソだとすると、どうなるのか。

世の中に流通しているお金は政府が日銀に借金することで市場に出まわっています。政府は市場にお金を流通させることで景気を刺激しようとしています。

ただし、景気がよくなりすぎて市場が変な状態になると、今度はお金を市場から引き上げるという形で景気を調整しています。国民が豊かな生活を送れるようにコントロールしているわけです。

政府が借金してくれたお金をみんなにばらまいている。政府の借金は国民の資産になるのです。これが真実です。

こうした背景があるので、もし借金が悪いものであったら、政府は悪人になります。政府が悪の権化である借金を日銀からして、国民にお金をばらまいているのであれば、「なに、それ？」という話になりませんか。

つまり、借金は決して悪いものではなく、国民を豊かにするために行っているよい政策なのです。

政府には、景気を常によい状態に保っておくというミッションがあります。不景気のときは借金して、貨幣流通量を増やして国民の生活を支えていくのです。

日本は過去30年間にわたって、ずっとデフレが続いていると言われています。デフレが続いているということは、不景気でお金が国民に行き届いていないということです。

そこで政府としては、なんとか末端にいる国民にまでお金を届くようにして、国民の生活を豊かにしていくアクションを起こしたいと考えています。

では、どうやってそのアクションを起こすのか。政府が国民1人ひとりに5万円や10万円のお金をばらまくという方法は、たまに行われますが滅多に行われません。

基本的に政府がお金を流すルートは決まっています。まず日銀から借金をして政府にお金があふれます。このお金を民間の銀行に移動させます。その方法は国債という債券を活用します。

銀行に国債を買ってもらったり、国債を日銀が買い取ったりすることでお金が民間に動きます。本質としては、政府にあるお金が民間の銀行に流れるということです。

銀行がお金をふんだんに手に入れると、次はそれを企業に貸し付けることで、もう一段階、お金のありかを下げていきます。そして、企業が借りたお金で新しい経済活動を行うことによって、外注先にお金が流れたり、社員にお金が流れたりして、市場にお金がまわっていくようにしています。

お金の流れは、このようなシステムになっています。つまり、国が借金して、企業が銀行から借金して、借金というツールを使ってお金を移動させて、最後には市場に流通していくのです。これが事実です。

この事実を知ると、次のような疑問が生まれてくるはずです。

「あれっ、借金は悪だと政府は国民に植えつけているけれど、借金がなかったら政府って景気をコントロールできなくない？」

そうした疑問を感じるはずです。

「よい借金」と「悪い借金」がある

借金をすることでバランスシートをグルグル回して不労所得を積み上げていく方法を紹介しました。これは自分の人生をよくするための借金の使い方です。

つまり、借金＝悪ではなく、借金にもよい借金と悪い借金があるのです。政府は国民に借金＝悪と植えつけていますが、実態としては政府も借金しているのです。

そう考えると、「借金にいいも悪いもない。よい借金と悪い借金がある」ということになりませんか。

バランスシートでグルグル回るような借金はよい使い方です。

政府には、このよい借金の使い方をマスターした人たちは世間一般の見えない鎖でガチガチに巻かれている人たち「借金は恐い、借金は悪」と思っている人たちの層をバーンと飛び抜けて、情報ピラミッドの上の階層に迎えようという意図があります。

多くの国民には借金は悪いもの、借金なんかするやつはろくなもんじゃないから借金をしてはいけませんよと植えつけています。そうすると、借金は悪いものと考えるコントロールしやすい、普通の国民が大量に生産されます。

ただし、そういう人たちだけでは日本という国が成り立ちません。日本を背負って立つような優秀な人間も必要です。

そもそも、みんなが借金してくれることで、日本政府は市場にお金を流通させることができるわけです。

そこで、政府の意向にそってくれる人たちには「ありがとう。あなたは日本政府の味方をしてくれるのですね。よくぞ、正しい借金の使い方に気づきました。どうぞ上にあがってください。もう下のほうにいなくていいですよ」ということになっているのです。

借金1つとっても「借金＝悪は本当なの？」を紐解いていくといろいろなことが見えてきます。

こうした見えない鎖が、世の中には本当にいっぱいあります。たびたび同じことを書きますが、お金持ちになるには見えない鎖をほどいていかなければいけないし、知っておかなければいけない真実があります。

国民があえて知りにくいような状況になっている真実は、率先的に勉強して知る必要があります。

借金が恐いという状況から脱して、「借金には恐い借金の仕方もあるけれど、素晴らしい借金の仕方もある。実際、日本はそのような成り立ちになっているじゃない。バランスシート上も、ここで借金を駆使することによって、あっという間に自分の理想を手に入れることができる。借金って

確かに使い方次第だよね」と言えるようになってください

借金は包丁みたいなものです。包丁を人を傷つけるために使ったら犯罪となるでしょう。しかし、野菜や肉を切るために使うと、とても便利なツールです。借金も包丁も、よい使い方と悪い使い方があるのです。

コラム３　ＮＡＳＤＡＱ上場を目指す

コラム１・２を読んでいただいた方はビジネスマンとしての犬飼がどう生きてきたのか、少しご理解いただけたと思います。コラム２の最後に語りましたが、まだまだチャレンジしてみたいことが沢山あります。

それを具現化するために現在ＮＡＳＤＡＱ上場に向けて勉強を開始しました。もちろん上場できる保障など全くありませんが、私の好奇心が不安を払拭してくれているので希望に満ち溢れています。

さて、事業がたどるゴールについて少しお話ししたいと思います。どんな事業にも終着点があります。ビジネスの世界では４つの終着点があると言われています。すなわち、倒産・解散、事業承継、売却、上場です。

私は今まで上場以外の３つは経験してきました。複数の会社を解散した経験があります。不破先生に医療訴訟コンサル会社を承継しました。会社売却は遠隔読影会社も含め3社の売却に成功しています。

いずれにも一長一短あり、経験するたびに勉強になりました。しかしずっと上場には興味がありませんでした。上場するにも当然一長一短ある訳ですが、メリットよりデメリットが大きいと思っていたのです。

具体的には、即座に意思決定できる未上場会社と株主の顔色を窺わなければいけない上場会社では圧倒的に機動力が異なるし、他人の顔色を窺うのは自分の性格には合っていないと思っていたのです。

しかし最近、NASDAQ上場会社の社長さんに出会い、実際の話を聞いてみると非常に面白そうだったのです。自分には医学部なんて縁がないと思っていた高校生が、医学生または医師の話を聞いてみて急に目の前が開ける。そんな経験をしたのです。その後、NASDAQ上場について真剣に調べてみると、自分がつくってみたい未来を具現化するには寧ろ上場は必須条件であるとさえ思えるようになりました。

NASDAQという知名度、数十億円~数百億円という調達額、優秀な人材の確保、世界展開の容易さ、これらを手にしてこそ、自分がつくってみたい未来がつくれる。未上場の状態では夢を具現化するには寿命が足りない。そのように感じました。

第7章　医師・歯科医師には後悔のない人生を送ってほしい

1　医師・歯科医師に特有の見えない鎖

若くして開業するのはいけないこと？

お医者さん・歯医者さんには特有の見えない鎖がいっぱい巻きついています。あるあるなのが、「医者は専門医になって10年、20年やって一人前」。こうした風潮が医学界にはあります。

あまりにも若くして開業すると「あんな、まだ医学の入り口しか知らない人間が開業するなんて、なに考えているんだ」と言われたりします。

あるいは、専門医課程に進まず、ワクチンの注射や検診のアルバイトで収入を得ると、「あいつは医師免許を金に変えている。俺たちのやっている医学は崇高な医学だけど、あいつのやっているのは医学と呼ぶに値しない低レベルなものである」「医局に所属することが医者として正しいルートで、医局に所属しないなんて協調性に欠ける自分勝手な医者だ」と、ひどい言われようをしたりします。

こうした考えを1つひとつ解きほぐしていくと、「本当にそうなの？」ということがたくさんあります。

例えば、若くして開業するのは本当にいけないことでしょうか。

開業の仕方にもいろいろあります。10年、20年と知識を身につけてから開業しなければいけないようなきわめて専門性の高いことをやっている先生もいます。その一方で、医者になって5年目ぐらいでも十分にカバーできるような内容をやっている開業医の先生もいます。

そうした比較的ライトな開業で、患者さんに不利益が起こることもなく、よい医療を提供できるのであれば、それ自体が頭ごなしに悪いと評価されるようなものではないと思います。

極端な話、研修医を終えた直後、医者になって３年目くらいで保険診療で開業すると、その事実だけを見て、「そんなぺーぺーの医者が開業して、そのクリニックにかかる患者さんは不幸だ」と言う先生もいます。

しかし、クリニックの中を見ると、バックアップで10年目以上の先生が常勤で入っている。開業したのは若い先生だけど教育体制ができ上がっていて、２人で１人の患者を診ている、などのように若い先生が十分自立できるようにバックアップを整えて、患者さんにちゃんとした医療が提供できる環境で開業している人もいます。そうであれば3年目で開業するのは、はたして悪いことでしょうか？

休日の家族でのディズニーランドが中止に……

３年目でバイトを熱心にやって、専門医課程に乗らずにお金を稼ぐとなれば、多くの先生が「あいつは逃げた。金稼ぎに走った」などと言います。

検診やワクチンの注射のアルバイトというのは、確かに専門性という点では低いかもしれません。医師免許を持っていれば誰でもできるとも言えます。しかし、それを行ってくれるドクターがいることで助かる患者さんも、助かる医者もいるわけです。その事実を忘れてはいないでしょうか。

もしそうした人がいなくなれば、健康診断をやれるドクターがいなくなってしまいます。つまり、ものすごく専門性の高い高度なことができる先生がわざわざ出張って、健康診断やワクチン接種をすることになります。スペシャリストにそんなことをやらせるのは、非常にもったいない話です。

それなら、やりたいと言っている先生にぜひやってもらうのがいいのではないでしょうか。実際に感謝してくれる患者さんも多くいるでしょう。そうであれば、その先生が行っていることは馬鹿にされるような医療でしょうか。

ほかにも「医者は患者さんのために尽くしてなんぼ。それに生き甲斐を感じていなければいけない」という風潮もあります。

通常土日・祝日は診療がなく、病棟業務も当番制のところが多くなっています。自分が主治医である患者さんもほかの先生が診てくれて、持ちつ持たれつの関係になっています。それなのに、日曜日に自分の患者の顔を見に来ない医者がいると、「怠けている」とか「患者さんをぞんざいに扱っている」と言われたりします。

あるいは、平日は働いているため、日曜日に面会に来る患者さんの家族もいます。その家族が「おれは日曜日しか来れないので、日曜日に主治医の先生から話を聞きたい」と言ったとします。

日曜日は先生もオフです。1週間必死に働いて、やっと家族と過ごせる大切な時間です。しかし、「自分にもプライベートの時間がありますから」と言うと、「あの医者は患者のために働いてない。患者さんの家族が話を聞きたいと言うなら、休日返上で会うのが当たり前だろう」と言われるのです。

もちろん、ケースバイケースです。重篤な症状の患者さんで、「説明してあげなければいけない」というときは会うべきですが、ごく普通の症状の患者さんに対しても、常にそうしなければいけないとなれば医者は疲弊するばかりです。

せっかく家族旅行でディズニーランドに行こうとしているのに、道中で電話がかかってきて「先生、お願いします、すぐに病棟に来てください」と言われると、「当番の先生でもやれるのに」と思っても「わかった。じゃあ行く」となってディズニーランド中止。あるいは「パパは行けないからママと楽しんで来て」、子どもが「パパ、行っちゃうの……」という状況が起きてしまうのです。

その先生の人生を考えると、医者になったからといってそこまで自分の家族を犠牲にしなければいけないのでしょうか。死ぬ直前に、もっと家族と一緒にいればよかったと思うか、もっと仕事を頑張ればよかったと思うか、そこに意識を向けて生きていくべきではないでしょうか。

私は医学界にはびこる見えない鎖が苦痛だった

お医者さんにも自分の家庭があります。人生があります。それなのに、医者として患者さん第一でなければ許されないという風潮があります。もちろん、そうしてあげるのが心から好きで、自分の意思としてやっているのならいいのです。

しかし、それを人に強要したり、やるのが当たり前という空気をつくって、やらない人間を仲間外れにする、馬鹿にする、非難するというのは、ちょっとおかしいと私は思います。

ところが、おかしいと思わない先生もいっぱいいます。「医学とはそういうものだ。俺たちもそういう風に自分の時間を犠牲にしてきたのだから、お前たち若手も同じことをやれよ」と言って、後輩にも同じことを強いる。それは人間として、少し寂しい話だと思いませんか。

医学界にはそうしたことがいっぱいあります。本当に、つらくて大変な世界です。医者が自分の人生を楽しむように生きると、その足を引っ張るような風潮があるのです。

私の友人で、開業して長年地域のためにたいへん貢献された先生がいます。その先生はスポーツカーが好きで、フェラーリを買いたいと言っていました。

しかし、フェラーリに乗っているところを患者さんに見られると白い目で見られたり、同業の医者から「患者からかすめ取った金で、フェラーリを乗りまわしている」と言われたりするのです。

そのため、フェラーリが欲しくても「そう言われるのがイヤだから我慢するしかないんですよ」

と言います。あるいは、買ったとしても離れた場所に車を置いておいて、自分の生活圏内では決してフェラーリには乗りません。自分のことを誰も知らないエリアでしかフェラーリに乗れないとも言います。

ものすごく寂しい話ではありませんか。その先生は必死に地域貢献をして、その感謝の表現形として手に入れたお金で自分の人生を豊かにするアクションを起こしたのです。本来なら喜ばしいことです。

「先生のおかげで私たちも幸せになっているし、先生ももっと幸せになってほしいから、ぜひフェラーリを乗りまわしてくださいよ。今度、写真を撮らせてください」

そんな風に言ってくれる患者さんや同業者であふれたら、みんな生きやすいのですが、なぜか足を引っ張るのです。

医学界はそういう世界ですが、日本全体にもそうした空気感があることを私はすごく悲しく思っています。

お医者さん・歯医者さんは人の命に関わる重要な仕事をしているのだから、そういう人たちこそ幸せに生きてほしいし、自分の人生を後悔なく生きてほしいと思います。本書が、ほんの僅かでもその手助けができればうれしく思います。

医者の中にはびこる見えない鎖はいろいろあります。私はそうしたことがとても苦痛だったので、いまのようなぶっ飛んだ人生を送ることにしたのです。

2 本書を読んでいる皆さんの人生を後悔のないものにしてほしい

リテラシーを高めて行動に変えていく

「投資は恐い。投資はギャンブルだ。借金は悪いことだ」という見えない鎖を解きほぐしていかないと、時間とお金の自由を同時に手に入れるための情報を知ることができても、感情的に恐くて動くことができません。

見えない鎖はいっぱいあるため、すべてを外すことはできませんが、そのうちのいくつかの外し方を紹介しました。

そして、見えない鎖と同様に無知が恐怖心を煽ってきます。恐怖心から妄想が生まれ、妄想が妄想を呼んでふくらんできます。その結果、がんじがらめにされて動けなくなってしまいます。

そうならないためにも、知るべきことを知らなければいけません。だからこそ、勉強はやり続ける必要があるのです。

この見えない鎖を外していくこと、知らないことを知っていくことが、世間一般で言うリテラシーを高めるということになります。リテラシーを高めていかないと、具体的な行動に変えることができません。

行動でしか人生を変えることはできない

あとは、皆さんが行動するかどうかです。

知識を取り入れて、よい話を聞いたなと思ったところで、一歩目を踏み出さないかぎり人生は好転しません。

最初に説明したように、人生は皆さんの想像よりはるかに短いのです。そんな短い人生で、迷っている時間や悩んでいる時間など無駄です。

借金で首がまわらなくなったらどうしようと悩んでいると、妄想がどんどんふくらんでいき、行動できなくなり、時間ばかりが浪費されます。

人生が３００年ならば大いに迷って、大いに悩んで、納得できたら動けばいいのですが、本当に人生は短いのです。迷ってる暇があったら行動すべきです。

私は本書を通して自分の知識を惜しみなく、皆さんに提供してるつもりです。本書を読んで「よかった」と思う人もいるでしょう。しかし、実際に行動に移せる人がどれぐらいいるかと言うと、残念ながらかなり少ないと思っています。

しかも、行動に移しても、すぐに止まってしまう人もいます。行動に移したらそれを継続することが、さらに重要になります。

継続することでしか、人生をよりよくすることはできません。

本書を読んでいる皆さんが自分の人生をよくしたいと本心から思うのなら、迷わず行動して、それを続けてください。行動し続けないと、すぐに元の生活に戻ってしまいます。

なぜすぐに元の生活に戻ってしまうかというと、人間はなるべく負荷が少ない状態でいたいと本能で考えているからです。居心地のいい環境に居続けたいという気持ちは誰しも持っているでしょう。これをコンフォートゾーンといいます。新たな一歩を踏み出すという行動は自らの意思でこのゾーンから飛び出るということなのですが、ひとたび出てしまうと非常に不快なのです。不快に耐えられないので何かと理由をつけてコンフォートゾーンに戻ろうとします。いまは忙しいとか、家族が反対するとか、お金がないとか。これらは全て言い訳です。いままでの環境に居続けることと新たな未来へ歩み出すことを天秤にかけた結果、変化しないことを選んでいるのです。変化しないことが悪いとは言いませんが、変化したくないけど未来を変えたいというのは無理な話です。

自分がどのような人生を歩みたいのか、もう一度改めてちゃんと考えてみてください。いまの延長線上に自分の理想とする未来がないのであれば、行動するしかないのです。行動でしか人生は変えられません。

皆さんが後悔のない人生を歩めるようになることを心から願っています。

第8章　時間とお金の自由を手に入れた先にあるもの

1　お金持ちになった……その先には陰の側面もあります

もう少しだけ追加で私が伝えたいこと

前章までで、私が本書でお伝えすべきことはすべて書き終えました。しかし、もう少しお伝えしたいことがあります。ただ、この先を読みたくない人もいるかもしれません。

ここまで、いまの人生に不満を感じていて、なんとか人生をよりよくしたいと思っている人に向けて、まずはお金持ちを目指そうという話をしました。野心のある人や上昇志向のある人には興味深く読んでいただけたと思います。

この先は、実際にお金持ちになった後の話をしていきます。

この先を読むか止めるか、決めてください

皆さんは、お金持ちに対してポジティブなイメージや「お金持ちになったら人生バラ色」「お金持ちなら世の中の大部分のことが解決できる」など、かなり過度な期待を抱いているかもしれません。

あるいは高校生だった頃、医者になったらどれだけ自分の人生が楽しいだろうと空想したかもし

れません。実際に医者になってみると、確かに予想どおり面白い部分もあれば、医者になってから気づく苦悩も感じたと思います。でも、それはなってみないとわからないことです。

医者や歯医者になる前は、さぞかし素晴らしい世界が待っているだろうという明るい側面にばかり目がいき、陰の側面は見えないのです。

そこで、この先はお金持ちになった後に待ち受ける陰の側面の話をしていこうと思います。ただ、それを読むとお金持ちになることに幻滅する可能性もあります。

「なんだ、そんなものなのか。それだったら、お金持ちを目指さなくてもいいや」と思うことで、これから頑張ろうとしている人のモチベーションを下げるかもしれません。

「モチベーションを下げてほしくない」「テンションが下がるのだったら、いまは読みたくない」という人は、ここで終了にして、お金持ちになることを目指してひたすら頑張っていただければと思います。

陰の側面の話を聞いたところで、自分でお金持ちの世界を見てみないと自分も同じように感じるかどうかわからない。先に知識として知っておきたいという人もいると思います。そういう人は、この先を読み進めてください。

この先を読むか、読まないか、決まったでしょうか。読まないと決めた方はお金持ちになった後、なんか自分が想像していた世界と違うぞと思ったときに読んでみてください。

2　お金持ちになっても「おれの人生、こんなものか」と感じる人も多くいる

お金持ちになると、最初は毎日がとても楽しい

本書では「後悔のない人生を歩んでいきましょう」を根幹として掲げています。そして、それを達成するのには3つの柱が必要で、一番簡単に達成できる柱が「時間とお金の自由を同時に手に入れること」でした。

残り2つの柱のうち、1つは「自分がこの人とともに時間を過ごしてもいいなと思える仲間を構築すること」で、もう1つは「楽しく長く遊べる精神的にも肉体的にも健康な状態を手に入れること」です。お医者さん・歯医者さんなら、精神的・肉体的な健康に関して、ある程度自分で判断できると思うので、この本では割愛しています。

よい仲間とめぐり合い、楽しいことをやっていくのをどのように具現化していくかを紹介していきます。皆さんも自分が時間とお金に縛られない状態になり、やりたいことを好きなだけやれるとイメージして読んでください。

お金持ちになると、まわりに似たようなフェーズの友だち、自分と同じような経済状況で、同じように自由に時間が使える友だちがチラホラとできてきます。すると、いままでできなかった、平

日に旅行に行く、平日にゴルフに行くなど、勤務医や開業医の先生には難しいことも簡単にできるようになります。

そうした毎日は、最初はすごく楽しく感じられます。バラ色の人生、新しい世界、天国に足を踏み入れたようなワクワク感に満たされます。しかし、それは長く続きません。なぜなら、そうやって遊ぶ友だちとは表面的なつき合いしかできないからです。

友だちには、親友と呼べる友だちとただの友だちの２種類があると私は考えています。親友という言葉を定義すると、素の自分をさらけ出せる友人、あるいは相手の弱さも含めて受け入れられる友人としましょう。

一方、そこまではいかないけれど、一緒に時間を過ごしていると楽しいというレベルの友人を「友だち」と定義します。

お金持ちになると、友だちはけっこう多くできます。時間とお金の自由が手に入ると趣味に没頭することもでき、同じような趣味の友だちができるようになります。ただ、そうした人たちとのつき合いだけでは心が満たされなくなってくるのです。

おいしいものを食べられてうれしい、一緒に誰かとゴルフをやれて楽しい、一緒に旅行に行けておもしろい……。そうした毎日が続くと、３か月、半年、１年なのかは人によって違いますが、おもしろいと心から思えるフェーズから、「まあ、おもしろいよ。おもしろいけれどもなんか、人生このままでいいのかな、もの足りないな」というフェーズに変わるのです。

そうなると、親友と言える心のつながりを感じられる人間関係を重要視するようになります。ただし、そういう人間関係を大人になってから構築するのはなかなか難しいという現実があります。

実際、「大人になってから親友は何人増えましたか」と聞かれても、10年で1人とか2人くらいでしか増えていかないでしょう。

そういう現実があるため、お金持ちになるといろいろな人たちと交流ができるようになって楽しいのですが、その楽しいフェーズは長くは続きません。人間は、もっと深いつながりがないと寂しく感じるものなのです。

名声に恵まれた芸能人が自殺する理由

では、深いつき合いをしたいと思ったら、どのようなアクションを起こせばいいのか。

それは「この人、いいな。親友になれるかもしれない」という人に対して、まずは自分が全力で愛を注ぎ、ギブの精神でその人のためにやってあげられることを行う。言うならば、その人を信じて全身全霊で向き合っていく行動が必要になります。

そして、相手も同じように呼応してくれれば、両者のエネルギーがかみ合って、お互いに腹を割ってしゃべれる親友となれます。

しかしかみ合わないと、自分は相手のために熱心に行動を起こしているのに、相手はそれを快く思わなかったり、あるいは距離感が近すぎて重いなあと思われたりします。

親友と呼べる関係は、簡単につくることはできません。それをつくるのに心を悩ませたりします。非常にエネルギーを使うのです。

自分が「この人、いいな」と思っても、相手がそう思ってくれるかどうかは、相手の問題です。自分がどれだけアプローチしたところでダメです。恋愛と同じようなもの。相手のタイミングや精神状態、人間としての器が関係してきます。

表面的なつき合いができる人たちはいっぱいいるけれど、なかなかいい人にめぐり会えない……。すると、心の底で「おれは孤独だ。誰もおれのことを理解してくれない」、そうした虚無感みたいなものにとらわれたりするのです。私なんかと比べて、めちゃくちゃお金を持っていても、こんな精神状態になった人が友人にもいます。

こんな生活を、人によっては何年も過ごします。すると「おれの人生、こんなものか。正直いつ死んでも、もう後悔はないかな」という気持ちに陥ったりするのです。ワクワクに満ちた「もう後悔はない」ではありません。ちょっと消極的な「しょせん俺の人生、こんなものですよ。どうせ、これ以上刺激的なことはないのだから、もういいですよ」というような感じになっていきます。

なかには自殺してしまうお金持ちもいます。芸能人でも、なんでこんなに名声があって大成功している人が自殺しなければいけないの、と思うケースがありますが、そうしたフェーズにいる人たちでも悩むのです。疎外感や孤独感を感じるのです。これはとてもつらいことです。

自分が心から望んでいる人生は、どこにあるのか？

時間とお金があっても、極論を言うと、人生それほど豊かになりません。

時間とお金があることで、確かに人生の選択肢を増やすことはできます。しかし、選択肢が増えたからといって、自分にとって最高の人生がそこにあるとはかぎらないのです。

お金を持っていて、時間があって、好きなことをやれる。でも、それは自分が本当に心から望んでいる人生ではなかったりするのです。

もしかしたら、お金がないところに自分の一番心地よい人生があるかもしれません。

本当は、これを探求していくのが人生なのだと思います。ところが、多くの人が時間とお金の自由を手に入れると選択肢がバーンと広がって、その中に自分の正解があるはずだと思い込んでしまうのです。しかし、それは錯覚なのです。

実際、あなたの周りにもいるはずです。お金持ちとはいえない経済状況だけど人生を謳歌している人が。あるいは癌と診断され、余命宣告をされたことをきっかけに人生が輝き出した人が。こういう人たちが一体なぜ幸せでいられるのか。それを次項で解説していきます。

3　真の幸せは、自分の内側に存在する

３本の柱がすべて満たされた人生は……

よい人間関係を手に入れることはとても難しく、一筋縄ではいきません。それでも運よく親友と呼べる存在が複数人、手に入ることもあります。

それでは、親友と呼べる人に出会うことのできた、その先はどうなるのでしょうか。

親友にも恵まれたわけですから、豊かな人生のために３本の柱がすべて満たされていることになります。

当然、この先は後悔のない人生を歩めるはず。でも、歩めないのです。

「お前はウソをついたのか」と言われるかもしれませんが、後悔のない人生のために３本の柱が必要十分条件なのかというと、実は必要十分条件ではないのです。

時間とお金の自由があり、親友と呼べる人たちに囲まれていて、心のつながりを重視しながら毎日を過ごせるとします。そうなった人が全員、心から幸せを感じているかというと決してそうではありません。私自身の実体験からも、そのことを実感しています。

幸いなことに、私は大人になってからも親友と呼べる存在を何人も手に入れることができました。

そういう意味で、すごく幸せで、本当に恵まれています。

悟りをひらいたような領域に幸せは存在するのかもしれない

だからといって、人生がものすごく幸せかと問われると、そんなことはありません。

時間の自由やお金の自由を手に入れることや、よい人間関係を手に入れることは、どちらかと言うと、ベクトルが自分の外側に向いています。

しかし、真の幸せというのは自分の内側に存在すると私は考えます。つまり、ベクトルとしては内向きになるのです。

この人と一緒にいられるから幸せ、一緒にいられないから不幸せというのは、まわりに影響されています。また、お金持ちである状態、もしくは時間の自由がある状態だから幸せ、それがないから不幸せ、これも外向きのベクトルです。つまり、環境要因に左右されて、自分の幸せ・不幸せが決まるという状況は真の幸せではないということです。

真の幸せは自分の内側にあるのです。

したがって、親友がいようがいまいが、お金があろうがなかろうが、時間の自由があろうがなかろうが、幸せを感じることは可能なのです。

ある程度、時間の自由ができて、お金の自由ができて、人に恵まれたとなったら、次のフェーズで考えなければいけないのは、「自分ってどういう人間なのだろうか。自分ってどういう状況であれば、まわりに左右されず幸せを感じることができるのか」です。

「地球上に生かされているだけで、すごく満ち足りて幸せを感じられる」「朝起きて太陽の日を浴びる。それだけで、なんて素晴らしい世界にいま生きているんだと幸せを感じられる」など、ある意味、悟りをひらいたお坊さんみたいな領域に真の幸せは存在するのだと思います。

時間とお金の自由を手に入れて、多くの親友とめぐり会えたからといって、不幸せな人は不幸せなのです。反対に、極論するとお金持ちにならなくても幸せでいられるのです。親友に囲まれなくても幸せでいられるのです。

こんなことを書くと身もフタもないかもしれません。本書では「まずはお金持ちになりましょう」と、ずっと言ってきたのですから。

私の本心としては、お金持ちにならなければいけない理由なんてありません。なぜなら、お金持ちの延長線上に幸せがあるわけではないのですから。ただし、これはお金持ちになったからこそ見える世界です。この世界に踏み込んで、その気持ちを味わってみてください。

それでも皆さんにお金持ちの世界を見てほしい

時間とお金に縛られない世界を見て、その中に真の幸せを見出す人もいるかもしれません。しかし、そこには真の幸せはないと気づいて、内向きのベクトル、「自分とは？」を追求していき、そこに幸せを見いだす人もいます。

お金持ちになることは、決して無意味ではありません。

私がお伝えしたいのは、お金持ちになった世界が世の中のすべてではないということ。もしお金持ちになった世界の中に、自分が幸せと思える選択肢がなかったとしても絶望して死を選ぶ必要はありません。お金持ち以外のもっと別の領域に、あなたの幸せが見つかる可能性があります。

一度、この景色を見てほしいと思います。それを見られる人が1人でも増えることを心から願っています。

とりあえずお金持ちになってみてください。簡単なことですから。そこまで行って、さらに自分の中の幸せを追求していくと、真の意味で後悔のない人生が歩めるようになると思います。

皆さんも、ぜひ本書で紹介したことを実践して頑張ってください。

信念を持って、諦めずに、挑戦を続ければ、いつか後悔のない人生が見つかります。それまではコツコツと地道に人生を歩むしかありません。近道はないのです。その道中には諦めたくなるような挫折や健康上のトラブル、仲間との別れ、など多くの試練が道を阻みます。でも諦めないでください。諦めなければ必ず道は開けます。これは過去の偉人や成功を収めているプロの共通見解です。どうか自分の力を信じて、全力であなたの人生を駆け抜けてください。

おわりに

私は、自分のぶっ飛んだ医者人生から得られた知識をほかのお医者さん・歯医者さんにも知ってもらいたいという思いからこの本の執筆を始めました。

しかし、いつか本を書いてみたいなと漠然と思っていた数年前と今とでは、私の気持ちに変化があります。それは「人の幸せとは？」の奥を追求することで、わかってきたことがあるからです。

人が死ぬとき、「自分の人生、楽しかったな。もっと生きたかったけど、いま死んでも後悔のない人生だった」、そう思えるような生き方。それはどんな人生なのでしょうか。

私にとっては、次の３つの快楽をバランスよく保てていると、後悔のない人生になりそうだということが、なんとなくわかってきました。

１つめが「ドーパミン的な快楽」、２つめが「セロトニン的な快楽」、３つめが「オキシトシン的な快楽」です。

ドーパミン的な快楽とは、承認欲求などを満たすことで得られる快感です。

男性だったら、女の子にモテる、フェラーリを持っている、高級時計を持っている、医者である、会社の社長である、高収入である、など一般的にわかりやすい名声や肩書き等に自分が合致したときにあふれ出てくる神経伝達物質がドーパミンです。これらを満たすことで、「自分はまわりの人よりも優秀だ」と思え、優越感を感じられます。

現在の日本社会は、こうしたものを追求することに時間を費やしがちな側面があります。私自身もかなり長い時間を、ドーパミン的な快楽を得るために使ってきました。

家庭が貧しかったこともあり、私は自己肯定感が低く、他人から認められることで「自分は優秀だ」と自分自身が思い込みたいし、他人からもそう思ってもらいたくて、さまざまな行動を起こしてきました。

おかげで、時間とお金の自由を手に入れることができました。その結果、ドーパミン的な快楽だけで自分の人生が後悔がないものになったかと振り返ると、まだまだ後悔があるのです。

「あれ、こんなにドーパミン的な世界を追求して、ピラミッドの上のほうまで来たのに、自分の人生にはまだ後悔がある。まだ死ねない」

そう思っている自分に気づき、ほかに何があるのかなと考えたところ、2つめのセロトニン的な快楽を見落としていたのです。

セロトニン的な快楽とは何か。

例えば、沖縄のビーチで波を見ながら、何時間もボーッとして穏やかな心を楽しむ。あるいは、朝起きて晴れていることに感謝する、自分が健康で息を吸っていることに感謝する……。

セロトニン的な快楽とは、心のゆったりとした平穏な気持ちから生まれてくる快楽です。

自分にはこれが足りないのではと気づきました。そこで仕事を人にまかせ、自分が現場で働かなくてもいいようにして、沖縄に長期間滞在してみたり、海外に住んでみたり、実際にいろいろなことをしてセロトニン的な快楽も追求してみました。

確かに、それはそれでとても幸せです。朝起きて、今日は何もやることないな、何をしようかな、天気もいいし、散歩しようかな……。そんな気持ちで散歩すると、「こんな日中に散歩ができて幸せ」と心から感じることができます。これも本当に素敵な幸福の感じ方です。

ドーパミン的な快楽もある程度知った、セロトニン的な快楽もある程度知った。じゃあ、これで人生満足なのか……。確かに、だいぶ満足に近づいてきました。

「いま死んでも、私自身はあまり後悔しないけれど、もう少し人生が長く続き、このままあと10年、いまみたいな生活を繰り返していてもいいのかな」

そう思ったとき、やっぱりまだ何かが足りません。

そして、3つめの快楽、オキシトシン的な快楽に気づくことになったのです。

オキシトシン的な快楽とは、見返りを求めず、他人に何かをしてあげられたという自己満足から得られる幸福感です。

オキシトシンとは、赤ちゃんが母乳を吸うときにお母さんの頭の中に放出されるホルモンです。お母さんが子供をいとおしく思う理由がこのホルモンにあります。

また、自分が大切に思っている人たちにプレゼントをあげられたときやボランティア、慈善活動などで得られる幸福感です。

いま私は、この幸福感を自分なりに追求していきたいフェーズに入っています。見返りを求めることなく、相手のリアクションにも関係なく、自分が他人に対して何かをしてあげられたという自己満足感。その自己満足感によって自分の中にオキシトシンを満たして、幸福感を追求してみたいという気持ちがいまの私にはあります。

本書を書こうと思ったときは、ドーパミン的な快楽から始まりました。著者である私が教えを説いて、それをみんなが「いいですね」と喜んでくれる。私は自分が価値のある存在だと思えるし、読者のお医者さん・歯医者さんから「先生、先生」と言われるので気持ちがいいわけです。

そこから徐々に考え方が変わってきて、いまでは相手のリアクションに関係なく、自分がやりたいからやっています。相手の反応は、もはや関係ありません。いまは自己満足で動いています、という状態になりました。

本書で自分の知識を多くの人に提供することで、皆さんが喜んでくれれば、それはそれでもちろん嬉しいです。しかし、もし喜んでくれなかったとしても、自分の持っている知識を最大限、皆さんに公開することができたこと、それ自体が私の喜びになっています。

最後に、本書の内容を自分自身で実行できる方は、近い将来、後悔のない人生を手に入れること